MARIA BELTRÃO
O AMOR NÃO SE ISOLA

3ª EDIÇÃO

Copyright © 2020 **Maria Beltrão**
Direção editorial: **Bruno Thys** e **Luiz André Alzer**
Capa, projeto gráfico e diagramação: **Renata Maneschy**
Revisão: **Luciana Barros**
Fotos da capa e contracapa: **Marcelo de Jesus**
Tratamento de imagens: **Sidnei Sales**

Dados Internacionais de Catalogação na Publicação (CIP)
(eDOC BRASIL, Belo Horizonte/MG)

B453a   Beltrão, Maria.
      O amor não se isola: um diário com histórias, reflexões e algumas confidências / Maria Beltrão. – Rio de Janeiro, RJ: Máquina de Livros, 2020.
      128 p.: 14 x 21 cm

      ISBN: 978-65-86339-01-7

      1. Literatura brasileira – Crônicas. I. Título.

CDD B869.3

Grafia atualizada segundo o Acordo Ortográfico da Língua Portuguesa de 1990, em vigor no Brasil desde 2009

3ª edição, 2020

Todos os direitos reservados à **Editora Máquina de Livros LTDA**
Rua Francisco Serrador 90 / 902, Centro, Rio de Janeiro/RJ – CEP 20031-060
www.maquinadelivros.com.br
contato@maquinadelivros.com.br

Nenhuma parte desta obra pode ser reproduzida, em qualquer meio físico ou eletrônico, sem a autorização da editora

MARIA BELTRÃO

O AMOR NÃO SE ISOLA

UM DIÁRIO COM HISTÓRIAS, REFLEXÕES E ALGUMAS CONFIDÊNCIAS

3ª EDIÇÃO

Dedicatória

A Deus, o Guia;
À mamãe e tio Milton,
pontos de partida e chegada;
A Ana, o centro;
A Bia, o complemento;
A Luciano, o idealizador
e companheiro desta
viagem literária.

A eles, meu lar,
toda a gratidão do mundo.

Prefácio

Por Octavio Guedes

"Maria, mas o livro é sobre o quê?"

"Sobre minha rotina, meu cotidiano", respondeu.

Gargalhei.

Imagina a canção. "Todo dia a Beltrão faz tudo sempre igual..." Inimaginável. Se Maria e tédio coubessem num mesmo planeta, um teria o CEP do deserto do Saara e o outro, o da Amazônia. Universos distantes, incompatíveis, incombináveis.

Pois não é que as primeiras linhas do livro deram razão à minha gargalhada? O leitor mal chegará nas próximas páginas, e Maria já terá confessado seu amor desmedido por Luciano, evocado a infinita saudade do pai, revelado a vastidão da cumplicidade musical com Ana. Tudo tão febril, tão intenso, capaz de fazer a Escala Richter parecer fita métrica de armarinho. Rame-rame, rotina... desculpem, mas a autora se enganou. Vocês não são convidados para este livro.

Mas pera lá. A leitura avança e, logo adiante, ela reza e celebra... a virtude do cotidiano. Peço desculpas e retiro minha gargalhada. É, sim, um livro sobre rotina. Mas, rotina da Maria, uma mulher múltipla e surpreendente. E como não poderia deixar de ser, em seu primeiro livro (e torcemos para que não seja filho único) ela nos oferece uma inesperada dimensão do que imaginamos ser cotidiano.

Quem assiste ao "Estúdio I" conhece a forma como ela costuma abrir o programa: "Tá aí? Então, entra!". É a senha para eliminar qualquer barreira entre âncora e telespectador. A partir daquele momento, estão todos juntos, lado a lado, informando, debatendo, discordando, sofrendo, rindo e aprendendo. Reparem: todos juntos, lado a lado no mesmo sofá. Porque quando Deus criou Maria, Ele revogou o singular. Maria já nasceu primeira pessoa do plural. Ela é um "nós" ambulante.

Neste livro, o mesmo convite é feito. Tá aí? Então esteja autorizado a entrar na intimidade da Maria. Com uma espontaneidade desconcertante, ela nos coloca dentro de seu lar. Que também é o lar do Tio Milton, da Tia Helena, da Cris e de quem mais aparecer, porque nem sua intimidade é singular.

Quer um exemplo? Imagine alguém voltando do trabalho, após reger uma orquestra de repórteres, comentaristas e entrevistados ao longo de infinitas três horas. Tudo ao vivo. Pensou em alguém cansada, quieta, exausta, curtindo o isolamento mental de um merecido exílio transitório?

Agora, foca na Maria! É assim que ela relata uma de suas viagens de volta para casa: "Chiquinho está sofrendo muito com o confinamento". Chiquinho? Quem será Chiquinho? Ela esclarece: o taxista. Aliás, o taxista amigo.

E assim Maria vai compartilhando conosco histórias, ensinamentos, dores e aflições nos inúmeros papéis que exerce na sua rotina: mãe, mulher, filha, madrasta, nora, patroa, amiga, jornalista, apresentadora, colega e tantos outros.

São experiências próprias e, ao mesmo tempo, universais. É sobretudo um compartilhamento de afetos, de compaixão, de exemplo de garra, de solidariedade e de empatia. Tudo muito bem escrito, estruturado e narrado. Maria tem um texto que encanta, surpreende e emociona.

Mas como Maria conseguiu transformar um livro sobre a rotina num enredo de ação? Pegue a palavra cotidiano e separe as últimas três letras: ano. Substitua o "n" pelo M de Maria. Vira "amo". Justamente o sentimento que ela coloca a cada segundo em sua vida e que a faz tão especial.

Sábado, 18 de abril

A virtude do cotidiano

É aquela certeza no começo e no fim de cada dia: meu colo absoluto. O lugar anatomicamente perfeito para minha cabeça, meu ninho, também conhecido como o ombro direito (às vezes esquerdo) do melhor marido do mundo.

Na preguiça do acordar, fico ali, desafiando o despertador do celular que toca a cada nove minutos. Sim, meu dia começa com a segurança do colo absoluto, a segunda coisa mais reconfortante para o espírito depois da oração diária.

Mas voltemos ao colo: esse é o pedaço do todo que é Luciano Saldanha Coelho, a pessoa mais generosa que já conheci. Quer um exemplo? Tá vendo essa margem aqui?* Gastou um tempo enorme fazendo isso para mim, com a concentração de um jedi. Existe toda uma técnica para traçar essa margem. Para não manchar de grafite as outras páginas, ele coloca um pedaço de papelão ou algo assim... (ao contrário do meu amor, tenho essa mente rebelde que se distrai e que ando tentando domar com meditação. Incrível como os pensamentos podem tomar conta da gente de maneira sufocante, sem que se perceba. É muito bom ser senhora

* *Foi ele quem a traçou nessa e em cada uma das páginas desse caderno.*

das minhas divagações. Divaguei de novo. Da próxima vez, vou prestar mais atenção no processo de traçar as margens). O exercício é aula de precisão. Luciano é um japonês e a margem, seu bonsai. Obra de arte cercada de beleza por todos os lados.

Quando Luciano sugeriu que eu escrevesse três páginas por dia sobre qualquer assunto (seguindo o metódo conhecido como *morning paper*, criado pela escritora americana Julia Cameron para despertar a criatividade), primeiro achei que não ia – ou não vai – dar. Apesar de eu ser jornalista, uma página em branco é uma das coisas mais aterradoras que conheço. Logo ficou claro que, para me manter numa zona de conforto, eu deveria escrever sobre ele. Incrível que, dessa vez, a Ana não entrou na frente. Deu vontade de homenagear esse homem maravilhoso que a faz também tão feliz. Sim, todos os caminhos levam à minha filha e, por extensão amorosa, à minha enteada Bia. Estou roxa de saudades dela!!

(Em tempo: estamos no meio de uma pandemia. Coronavírus é a palavra que mais falo por dia, de segunda a sexta e também nos domingos em que estou de plantão.)

Voltemos ao Luciano, que rima com cotidiano. Com ele, entendi que a felicidade está na rotina, na maravilha que é nossa família, nosso lar, nas horas compreendidas entre um colo absoluto e outro. São tantas delicadezas dirigidas a cada dia que é impossível não ser (e sou!) a mais realizada das mulheres.

Ah, logo ali, na esquina mais próxima do calendário, meu lindão faz aniversário. Sabendo que não há presente que dê conta dessa presença em nossas vidas, só me resta amar e namorar ainda mais o homem que é meu. Sim, no fim, a presenteada sou eu.

Domingo, 19 de abril

Choro bom

Tinha 15 anos quando assisti na Broadway ao musical "Phantom of the opera" pela primeira vez (e com o elenco original!). Foi amor à primeira vista. Ou melhor, paixão. Sim, me apaixonei loucamente pelo fantasma (e daí que ele matava umas pessoas aqui e ali?) e desprezei com todas as forças o mocinho Raoul. Decorei todas as falas, aprendi a cantar cada uma das músicas, comprei tudo o que havia sobre o espetáculo. Caso sério.

Nesta quarentena o programa de hoje, além da missa, foi assistir no YouTube à edição comemorativa de 25 anos do bom e velho fantasma, ao lado da Ana, como não poderia deixar de ser. Afinal, se tem algo em comum entre nós é esse amor pelos musicais. A diferença é que ela, além de adorar música desde neném, é uma cantora espetacular (abro aqui mais um parêntese – já perceberam que tenho essa mania, né? – para dizer que é muito difícil despejar o que vem à cabeça sem poder corrigir, apagar e editar. Nem vou ousar reler o que escrevi porque vai me dar nervoso. Mas, sigamos...). Sim, minha filha sempre amou cantar, dançar e atuar. É nossa estrela, um talento, uma inspiração. Que voz, meu Deus! Que voz!

Quando a Ana tinha 5 ou 6 anos, assistiu comigo, aqui no Rio, ao seu primeiro musical: "A noviça rebelde" (mais uma pausa para explicar que "A noviça rebelde" é obra que une três gerações. Assistia ao filme com minha mãe, como a Ana faz comigo. É tesouro familiar). Devo dizer que, naquele dia no teatro, a vida daquela criança se transformou para sempre e abriu uma porta para a adulta que – em breve – ela será. Logo no começo do espetáculo, completamente hipnotizada, ela apertou minha mão e disse: "Mãe, estou com vontade de chorar, mas é CHORO BOM". Muitas vezes depois disso nos emocionamos com várias músicas e espetáculos.

Vim de um lar musical, com meu pai ao violão e mamãe e os filhos no vocal, ao melhor estilo Noviça Rebelde, diga-se de passagem. Hoje é domingo e os domingos me trazem tantas lembranças maravilhosas... O pão com azeite. O cheiro do meu pai. O negroni, sua bebida favorita. Saudade enorme dele. Fico pensando no orgulho que teria, que deve ter... que orgulho ele tem da neta!

O almoço está pronto e vamos, em família, repetir a oração para a benção dos alimentos e brindar. Mais um dos nossos rituais. Impressionante: termino esse segundo dia de catarse celebrando – de novo – a virtude do cotidiano. Que beleza o que temos sempre e todo dia. **Hoje é dia santo.** Que sejamos melhores. Amém.

Ah, também assisti à "Noviça rebelde" ("Sound of music") na Broadway, em 1999, com Richard Chamberlain como o Capitão Von Trapp. Sensacional!

Segunda, 20 de abril

Sonhos de corona

Hoje o *morning paper* será *night paper*. Vamos ver no que vai dar. Tenho sonhado muito. Ou tenho lembrado muito dos sonhos que tive... Tudo um pouco ou muito angustiante. Pudera. Por força da profissão, preciso saber – em detalhes – o estrago que esse vírus está causando. Já são 2.484 mortes no Brasil (hoje acordei com a gravação do Chico na cabeça: "Peço a Deus por minha gente / É gente humilde / Que vontade de chorar").

Claro que tem muita coisa boa acontecendo no mundo. A solidariedade em tempos de crise sempre me emociona, mas as notícias ruins acabam chamando mais a atenção. ("O bem não faz barulho e o barulho não faz bem". A frase é de São Francisco de Sales, acho.)

A rotina está bem pesada. Por outro lado (viva, tem um outro lado!), me orgulho muito do meu ~~trabalho~~, de poder ~~informar~~. Enquanto escrevo isso, deu vontade de substituir trabalho por **missão** e informar por **alegrar**. Também tenho em mente esse senso de serviço: penso muito, por exemplo, nos idosos que assistem ao "Estúdio I" e, como todos nós, ou bem mais que nós, merecem uma dose diária de esperança.

Volto já. Vou participar de uma *live* com o Sergio Mota. Sim, passei um corretivo nas olheiras, minhas amigas teriam a curiosidade de perguntar.

※ ※ ※ ※※ ※ ※※

Pronto. Terminou a *live*. Falei demais, como sempre, mas me diverti muito. No fim, cantamos "O que é, o que é?" (ninguém acerta o nome dessa música. Para a torcida do Flamengo, ou pelo menos para os torcedores que eu conheço, o título mora na frase "viver e não ter a vergonha de ser feliz". Meu marido canta assim: "IÊÊÊÊ e não ter a vergonha de ser feliz". Sempre ele, me fazendo rir e sorrir).

Pausa para falar com a mamãe. Hoje ela disse que se lembrou muito da tia Helena e ficou com saudade. Pontada no meu coração. Em seguida, brigou comigo: "Minha filha, por que você não sabe dar notícia de morte?". Sim, fui eu que dei a notícia da morte da irmã dela, minha tia querida, há mais de um ano. Não, não sei dar notícia de morte. Se alguém souber, aceito orientação...

Graças a Deus, a bronca durou pouco e mamãe decidiu recitar um poema: "A fonte e a flor". Ela achou que era de Olavo Bilac, mas era de Vicente de Carvalho. Fora isso, que memória! Sabia inteiro de cor!

※ ※ ※ ※※ ※ ※※

Hoje, coisa rara, não falei com minha dinda/ sogra. Esclareço: minha sogra é minha madrinha de Crisma. Eu estava no telefone, quando o Luciano ligou para ela. Pergunto, então, o que a Mirtia contou. Contou muita coisa. Incrível como ela é bem informada. Sabe tudo da pandemia. Alma de jornalista. Antenadíssima.

Que saudade de abraçar minha mãe e minha sogra! Que voltem logo a missa e os almoços de domingo. Ah, e que sejam bons os sonhos.

Terça, 21 de abril

Procrastinando, pero no mucho

Oi, página em branco. Hoje fugi da malhação, mas, pelo menos, resolvi te encarar. Andei lendo um livro de autoajuda que, pasme, acho que me ajudou. Tema: procrastinação, uma das palavras mais feias que já vi ou escrevi. Se procrastinei com o desafio da malhação, equilibro agora com esse aqui, o desafio de fazer com que eu ainda tenha alguns neurônios funcionando para despejar pensamentos ou lamentos neste meu *afternoon paper* (18h agora, EM PONTO, confirmo).

Hoje já cheguei em casa entoando a ladainha de sempre, "tô tão cansada, amor!". Não sei como ele aguenta. Não só aguenta, como coloca sempre os meus desabafos como algo necessário e natural. Advogado, trabalha tanto quanto eu, mas não reclama. Fato: esse desafio da escrita está virando uma grande declaração de amor ao meu marido. Que posso fazer? Se o tema é livre, quando menos espero, ele aparece. Lembrei de novo do papai, que também tratava com a maior seriedade meus dramas de criança, do piolho à amarelinha. Questão de prioridade...

Ana canta no quarto. Linda Ana. Ela preenche

a casa com música e dança, e enfeita a cada dia a trilha sonora da minha vida.

Por falar em dança, Henrique morreu. Kikinho era como meu ex-marido e nós, por extensão, o chamávamos. Ele e o Zé Carlos foram amigos que herdei. Dupla incrível, animada, generosa. Nunca pensei que o Henrique pudesse ir antes do Zé. Primeiro porque ele era mais novo, segundo porque era bailarino profissional. Um homem chamado saúde. Já o Zé é como eu: (querido Zé, nem imagino como você está se sentindo agora) prefere comida à malhação. Argentino, prepara um churrasco com chimichurri de comer rezando.

Por falar em rezar, que Nossa Senhora receba nosso Kikinho. Não caiu a ficha de que ele se foi (de dengue hemorrágica, imagine). Tempos estranhos. Pronto. Deu branco. Talvez seja a ficha caindo da morte desse amigo com quem eu não falava há algum tempo. Não podemos deixar de celebrar as amizades. Não podemos. Esse luto eu não imaginava viver.

E não é que eu tenho 48? Foi o que eu pensei e escrevi. O quase 50 já vem me rondando há algum tempo. E tudo bem. Acho que nos últimos anos me tornei uma pessoa melhor. Espero continuar assim, acrescentando degraus em direção ao BEM. Sabe a Verdade, o Caminho e a Vida? É para lá que me dirijo com confiança e esperança. Sem procrastinar.

Quarta, 22 de abril

Chute de balde
à distância

Não, eu não gosto de malhar (sim, voltei ao tema). Espero – SINCERAMENTE – um dia gostar. É sempre uma obrigação. Nesses tempos de corona, sinto-me obrigada a recorrer à minha bicicleta ergométrica depois do trabalho. Entre meia hora e 40 minutos... e olhe lá!

Já começo a sofrer no "Estúdio I". O drama adicional é que chego em casa faminta. Explico: não dá tempo de almoçar na Globo porque o jornal começa a uma da tarde e é justamente nas horas que antecedem o "ao vivo" que o trabalho é mais pesado. Não saio da frente do computador.

Mas voltemos ao momento em que eu chego em casa, roxa de fome. O problema é que, se eu comer, não vou malhar. Então, "alimentada" apenas com o iogurte que bebi às três da tarde, no intervalo do "Estúdio I", tomo uma ducha, troco de roupa e corro para a bike. Claro que me sinto bem depois. O problema é que o "depois" demora a chegar. Não ajuda também eu perceber que engordei na pandemia. Dá mais raiva, mais necessidade e menos vontade de malhar. Psicologia dos masoquistas, sei lá.

Se eu já estou comendo mais nos dias "úteis",

Olha, é a primeira vez que eu te chamo de diário! Muito melhor que paper, não acha? Vou adotar. Sinto que esse é o início de uma bela amizade.

imagina no sábado e domingo (que de inúteis não têm nada)? Outra psicologia barata à qual eu adoro recorrer é a do "eu mereço". Se estou tão cansada, por que não um pouco mais de farofa de ovo?

Conversando por vídeo com minhas amigas, ficou claro que não estou sozinha. Todo mundo fazendo chute de balde à distância. "Depois a gente corre atrás do prejuízo". Riso pra lá, riso pra cá. "Pão de queijo no forno". "Obrigada pela receita do quadradinho de tapioca". Tim-tim!

O jantar está pronto. Ana já chega cantando, naturalmente. Vou parar de falar de comida e começar a comer. Mas "esperem só um minutinho, porque quero terminar de escrever esse diário".

É lombinho, minha gente! Eu mereço! Ou melhor, ninguém merece... Boooom! Pelo menos é proteína. Ah, não estou comendo carboidrato, pelo menos até sexta... Olha o "eu mereço" de novo aí, gente.

Sim, não estou com essa força de vontade toda. São tempos difíceis, vai? (Papo entre mim e minha consciência pesada.)

Vamos focar no hoje? Fiz bike, dieta e reclamei pouco. Palmas para mim!

Quinta, 23 de abril

Salve, Jorge!

Eu podia estar ouvindo um dos 90 CDs da caixa comemorativa dos 250 anos de Beethoven, mas, não. Estou assistindo ao "BBB". Sim, sou dessas. Vai ter prova agora, valendo vaga na final. "Mas Maria, eu esperava mais de você". Eu, não. Já me aceitei há algum tempo.

Eu tinha decidido te ignorar hoje, querido diário. Afinal, deixar três páginas em branco também é forma de expressão... São onze da noite e já estava certa de que apelaria para esse ato de rebeldia.

Mas aí...

Lembrei que hoje é DIA DE SÃO JORGE e que nem conseguimos falar do santo no "Estúdio I". Logo ele, um dos mais queridos do povo brasileiro, não foi destaque no jornal mais querido do Brasil... (Rindo alto aqui. Estou engraçadinha, não é? Sonhar não custa nada.)

Mas, voltando ao santo, que tristeza ver vazias a igreja de Quintino e todas as outras nesses tempos de missas sem fiéis. Dureza!! São Jorge, ajude a gente! Está cheio de dragão pra você derrotar.

Hoje é aniversário do Jorge Bastos Moreno. Ele, que levava a medalha do santo xará no peito e adorava celebrar, deve estar promovendo uma baita festa no céu. Moreno, pede para a turma celeste proteger seus milhares de amigos, tá? E os poucos inimigos também.

Ah, a Manu está na final. Sim, voltei a falar do "Big Brother". Escrevo porque está no intervalo. Oba! Vai ter *live* da Ivete no sábado depois de "Fina estampa". Show em casa é uma das novidades que a pandemia nos trouxe. Maravilha. Assistirei. Adoro a Veveta e precisamos de um respiro!

Hoje batemos um triste recorde: o de maior número de mortes no Brasil em 24 horas. 407! Já são 3.313 óbitos registrados oficialmente. E 49.492 casos confirmados. O problema é o que ainda não foi testado e confirmado. A subnotificação é enorme, como sabemos. Que Deus console as famílias de luto.

Salve, Jorge, e nos salve desse vírus que não para de se alastrar.

Está na hora de dormir, mas, antes, como forma de oração, canto junto com Maria Bethânia os versos da música "Medalha de São Jorge":

> *Fica ao meu lado São Jorge guerreiro*
> *Com tuas armas, teu perfil obstinado*
> *Me guarde em ti meu santo padroeiro*
> *Me leva ao céu em tua montaria*
> *Numa visita à Lua cheia*
> *Que é a medalha da Virgem Maria*
>
> *Do outro lado São Jorge guerreiro*
> *Põe tuas armas na medalha enluarada*
> *Te guardo em mim meu santo padroeiro*

A quem recorro em horas de agonia
Tenho a medalha da Lua cheia
Você casado com a Virgem Maria

Até amanhã.

Segunda, 27 de abril

Minha dupla de riso

Babu saiu do "BBB" e eu não saí da dieta. Basicamente é o que eu tenho que dizer sobre os últimos três dias em que fiquei sem fazer minha catarse literária. Sei que já estou ficando repetitiva. Comi. Não comi. Malhei. Não malhei. E daí, não é mesmo? Mas eu, que adoro minha rotina, redundarei.

Hoje está assim: malhação OK, dieta OK, meditação OK. Afinal, é segunda-feira, né?

Falei com tio Milton. Foi chamada de vídeo. Sabe a primeira coisa que ele disse? Que o aniversário do Luciano estava chegando. Viu na agenda aberta no dia 1º de maio. Fez questão de conferir se o telefone que tinha do aniversariante estava certo. E estava. Cabeça do tio Milton, aos 97 anos, OK! Melhor que a minha. Vou reproduzir aqui o que eu postei outro dia no Instagram. Não sei se copiar texto antigo infringe as regras desse desafio do *morning paper*.

Pode isso, Arnaldo? Meu diário, minhas regras. Lá vai o texto publicado semana passada.

beltraomaria Quando eu começo a
reclamar da vida (por problemas
menores como cansaço e estresse),
recorro à minha dupla de risco e de riso.

Mamãe tem 85. Tio Milton, 97. Ambos descobriram que, além da idade, têm outras comorbidades, palavra feia que, no caso deles, virou mais uma discussão sobre qual seria o melhor sinônimo do que uma preocupação. Ah, ela reclama, sim: pergunta onde está o vestido novo que eu prometi e sempre me lembra que desde que parou de sair de casa as refeições pioraram muito em qualidade. Depois, pede para conversar com meu marido (a quem chama de "favoritinho") e, entre gargalhadas e provocações, vai citando todos os restaurantes que quer frequentar quando a pandemia acabar. Em seguida, ligo para o tio Milton e pergunto como vai. Ele diz que está contente porque já recebeu as duas visitas aladas do dia: a do beija-flor e a do papinho amarelo, que matam a sede na varanda. Rei dos trocadilhos, quando pergunto como anda o isolamento, ele responde: "Ih-só-lamento". E abre um sorrisão. Invariavelmente, nossos papos terminam com uma grande cantoria, de Noel a Sinatra. Que saudade de abraçar e beijar tio Milton e mamãe. Enquanto esse dia não chega, comemoro que o amor nunca se isola e, se há barreiras, pede ajuda à esperança e transborda.

O texto veio acompanhado de fotos da mamãe e do tio Milton, captadas no nosso vídeo-papo.

Mas voltemos a hoje. Tio Milton está bem irritado com o beija-flor. Disse: "O cara fica enchendo o saco do papinho amarelo". Babado forte na varanda. O que cantamos hoje? "JUST IN TIME".

Acabei de falar com a Cris. Minha irmã é demais. Por causa da pandemia, seu restaurante, assim como todos da cidade, teve que fechar as portas durante o isolamento. Para afugentar a preocupação recorrente com o negócio e, principalmente, com cada um dos seus funcionários, está cozinhando maravilhas na quarentena. Fez um risoto de lula outro dia que, com certeza, estava um sonho! Para mim, foi sonho mesmo porque ainda não aprendemos a comer pelo celular.

Cristiana arruma tempo para produzir semanalmente textos inspiradíssimos para a "Veja Rio". Interessante que meu irmão, Helio, também escreve toda semana para a "Folha de S. Paulo". Ah, como amo e admiro a dupla.

Outro dia o Helio brincou: "Mariazinha (eu) venceu. Viramos todos jornalistas". Vovô Heitor Beltrão deve estar orgulhoso. Papai Helio também.

Terça, 28 de abril

O "x" da questão

Quando durmo pouco, não só fico mais cansada, como mais emotiva. Na gangorra da pandemia, hoje é dia de baixa por aqui.

Passei metade desta terça-feira com um aperto no peito, sem coragem de enfrentar um pensamento que insistia em chegar e que eu insistia em espantar. Finalmente, ele venceu e tive que encarar o "x" da questão.

Primeiro, permita-me compartilhar com você, meu diário, a seguinte reflexão:

Nós, jornalistas, ficamos perdidinhos se não conseguirmos responder a questões essenciais: Quem? O quê? Quando? Onde? Por quê? Então, imagine como é duro ter que lidar com esse novo coronavírus que, a cada pergunta que a gente faz, suscita mais mil dúvidas. É como a Hidra de Lerna, que Hércules teve que enfrentar no segundo de seus trabalhos: a gente corta uma cabeça e aparecem mais duas. A gente acha que começou a conhecer o bichinho e ele volta a nos surpreender. FEIO! BOBO! CHATO! Nada como a pureza da resposta das crianças para botar a fera para correr.

Chega de enrolar. Catarse é catarse. O "x" da questão é: QUANDO PODEREI VER MINHA MÃE? SÓ DEPOIS QUE CHEGAR UMA VACI-

NA? QUANDO? Espero dar uma resposta antes que terminem as folhas em branco deste caderno. Pronto. Essa é a prece: poder deixar aqui registrado o dia do reencontro.

Não deu mais para conter. As lágrimas chegaram e estão lavando os olhos e a alma. Chorei. Chorei. Parei.

Vamos a alguns motivos para rir. Minha filhota acaba de dizer que dedicou as três páginas do **diário dela** à irmã, já que falta um mês para o aniversário da Bia. Sim, minha filha e minha enteada se tratam como irmãs. Foi algo natural, espontâneo, um amor que dá gosto testemunhar.

Por falar em amor, sabe o que vou fazer agora? Dividir esse dia intenso com minhas amigas, que já apareceram nestas páginas, mas – agora percebo – não foram devidamente apresentadas. Em ordem alfabética, são elas: Dani, Juju, Lu May, Mari Mi, Mari Pri e Roberta. Estranhou essa história de Mi e Pri? Seguinte: são duas Marianas e, quando éramos adolescentes ainda, tio Milton resolveu criar os apelidos para evitar confusão. A prima virou Mari Pri e a amiga de juventude, Mari Mi. Simples assim.

Que beleza é a amizade. Sabendo que vou acionar essa rede de apoio, já me sinto melhor.

A Ana também encarou o desafio proposto pelo Luciano de escrever três páginas por dia sobre qualquer assunto.

Quinta, 30 de abril

Ao mestre, com carinho

Sonhei com o Ronan Soares há dois dias. Acordei pensando: como será que ele está? Sabia que a saúde dele não andava bem há muito tempo e que estava internado. Confesso que a ideia de morte passou pela minha mente. Meus sonhos vêm refletindo o medo das perdas. Dessa vez, a perda se concretizou.

Hoje pela manhã, recebi a notícia de que ele se foi. Que tristeza. Que loucura. Ronan foi fundamental na minha carreira. Jornalista absolutamente genial, tinha as melhores sacadas, as tiradas mais bem-humoradas. Extraía das palavras o melhor que elas podiam dar a um texto. Foi meu mentor no "Estúdio I". Se eu tenho uma assinatura, posso dizer que "ele assinou junto". Concebeu a linguagem que o jornal teria e tem. Sempre foi moderno. Sempre foi um gigante. Um gigante gentil.

Trabalhei também durante muito tempo com o filho do Ronan. Queridíssimo Marcel, talentoso e grande sujeito como o pai. Mandei uma mensagem para ele, com os meus sentimentos, meu carinho, minhas orações. Ganhei de volta uma resposta tão generosa! Ser gigante gentil é "bem" de família. Marcel disse que assistiu à homenagem que fizemos ao Ronan no

"Estúdio I". Foi de coração. Falei muito. Ronan merecia muito mais.

Lembrei-me do encontro que tive com a irmã dele no restaurante da minha irmã, o Bazzar (que saudade do Bazzar, minha segunda casa!). Eu estava saindo, quando ela veio falar comigo. "Maria, não quis te incomodar enquanto você jantava. Só queria me apresentar: sou irmã do Ronan". Eu: "Você me desculpe, mas eu é que vou atrapalhar o seu jantar porque tenho muito a falar sobre seu irmão e quero que você saiba o quanto devo a ele!". Falei, falei, falei. Que bom que falei. Que bom que deixei claro para aquela irmã coruja o quanto aprendi com ele. Choramos as duas.

Hoje, lamento não ter ligado mais para o Ronan, não ter estado mais com ele. É a velha história de se arrepender daquilo que a gente não fez.

Por falar em choro, tenho chorado. Nada muito doído. As lágrimas às vezes se antecipam à emoção. É faxina emocional. É choro para lavar os pensamentos que ainda nem vieram. É choro de quem tem muita alegria e esperança, mas intui mais um dia de notícias difíceis. Olha que bonito: quando me preocupo por ser tão sensível, Luciano argumenta que é uma maravilha ter o "dom das lágrimas".

Leiloca me ligou. Ronan – eu tinha esquecido de comentar – também era *hitmaker* e compôs para as Frenéticas. É dele a música que virou o cartão de visitas do grupo: "Somos as tais Frenéticas". Também compôs para elas "Lesma lerda".

Estou cantando alto aqui:

Eu sou da idade do espaço, meu bem
Você é da idade da pedra
Nasci pra ser um beija-flor, meu amor
E você é sempre a lesma lerda
É sempre a lesma lerda
É sempre a lesma lerda

Estou no sofá, com o caderno apoiado na perna, sem saber escolher as melhores palavras para essa homenagem. Que falta você faz, Ronan. Que pena não poder contar com seu texto agora.

É, meu beija-flor, hoje estou mais para lesma lerda.

Sexta, 1 de maio

Justa traição

Passando aqui rapidinho para dizer que falharei em preencher as três páginas. Enquanto faço esse registro, sinto que você está me julgando. Não perca tempo: não vou deixar o fracasso me subir à cabeça. Desculpe, meu diário, mas hoje é dia de festejar o aniversário do Luciano.

A comemoração está sendo do jeito que ele gosta: com cartinhas amorosas, muitos brindes... e, o principal: com a Bia!!! Sim, ela veio de surpresa trazendo a torta favorita do aniversariante, a maravilha de banana, e quase matou o pai de tanta emoção.

Tão linda a mascarada! Pois é, hoje em dia ser mascarado é virtude. Quem diria... Cotoveladas também estão na moda e são muito celebradas. No mais, continuamos isolados, driblando a saudade com ligações e chamadas em vídeo. Fui.

Terça, 5 de maio

O show tem que continuar

Aldir Blanc morreu. Foi ontem, mas só hoje estou conseguindo digerir a notícia que tanto me impactou. Escrever aqui é como fazer análise. Tem vezes que a gente faz de tudo para evitar o assunto que nos incomoda. No caso, era esse: mais uma morte por Covid. E de quem? De um dos maiores compositores do nosso Brasil.

Acredita que não faz nem dois meses que mandei um beijo para ele ao vivo no jornal? O beijo foi em agradecimento. Para minha surpresa e alegria, Aldir era espectador assíduo do "Estúdio I".

Foi já na infância que descobri a dupla Aldir Blanc e João Bosco. Uma das primeiras músicas que aprendi no violão foi "De frente pro crime". Também costumava interpretar diante do espelho "Dois pra lá, dois pra cá" (imitando a Elis, diga-se de passagem). Lembrei agora de como papai ficou hipnotizado pelo violão do João Bosco em um show no Teatro Rival. Nem piscava.

Sabe o que me enche de orgulho? Descobrir que alguns dos meus ídolos me admiram. É de fundir a cabeça. Se eu contasse essas vantagens para o meu "eu" adolescente, com certeza, ele – o meu eu – surtaria! (A gente sabe que está ficando louca quando começa a falar sobre si mesma na terceira pessoa.)

Vale dizer que um desses ídolos trabalha hoje comigo no "Estúdio I": o jornalista, escritor e crítico musical Arthur Dapieve. Era o Dapi que me passava não só os recados do Aldir, como outras histórias contadas pelo grande poeta da cidade (grande mesmo, quase 1,90m). Uma delas me leva a mais um ídolo: o brasileiríssimo cartunista italiano Lan, que – folgo em dizer – já me retratou algumas vezes como uma de suas mulatas. Sou ou não uma sortuda?

A história foi a seguinte: num jantar, o Lan, cercado de mulheres, resolveu elogiar justamente uma que não estava presente. Nas palavras do próprio: "Enchi a bola de uma mulher maravilhosa para outras vinte. Um homem com a minha experiência não pode cometer um erro tão infantil...".

Agora, o melhor desse enredo: a personagem ausente e com a bola cheia era eu!

Foi bom desabafar com você, meu diário. Agora, vou dormir. Afinal, amanhã é um novo dia e, como nos ensinou o Aldir, na sua música mais famosa, "a esperança equilibrista sabe que o show de todo artista (e o trabalho do jornalista) tem que continuar". Avante!

Segunda, 11 de maio

Fiat lux

Tá bom, tá bom. Eu, que acumulo as funções de autora, leitora e crítica desse exercício literário, já entendi que é preciso trazer um pouco de alegria a esse espaço. Por isso, deixei para escrever hoje, já que ontem foi Dia das Mães.

Como você deve supor (se é que diários supõem), não pude estar com a minha mãe, nem com minha irmã, nem com minha sogra, nem com minha tia Nieta, nem com nenhuma das minhas primas naquele que seria mais um almoço de domingo festivo, se não fosse pela pandemia. Difícil também foi passar o domingo todo tentando esquecer a manchete do dia: Brasil chega a dez mil mortes por coronavírus.

Mas prometi alegria, não é isso? Então, faça-se a luz.

Olha quanta lembrança linda o domingo deixou:

** Ana me encheu de beijos e de palavras generosas. Durante a *live* do Roberto Carlos, cantamos juntas uma das primeiras músicas que ela aprendeu, com 2 ou 3 aninhos: "Como é grande o meu amor por você".

** Luciano me chamou para dançar e rodopiamos pela sala, embalados pelo repertório romântico do Rei.

** Liguei para a Alice-Maria – a responsável pela minha carreira na televisão, aquela que acreditou em mim quando poucos acreditavam e que não aceitou meus inúmeros pedidos de demissão – e descobri que, com ela, está tudo bem e o isolamento está sendo em família. Maravilha.

** Pensei muito na mãe da Mari Mi, a tia Sheila, que há anos nos deixou. Lembro com saudade da nossa convivência, do café com aroma de amêndoa, dos pratos magníficos que ela preparava, enquanto conversava com a gente na cozinha, não antes de se servir de um uisquinho (**claro** que liguei para a Mari, que, **claro**, lembrou da mãe o dia todo e que, **claro**, assistiu também à *live* do Roberto Carlos).

** Tio Milton me ligou na maior alegria pelo Dia das Mães, mostrando disposição de ferro e saúde mental que poucos conseguem manter nesses tempos (e isso aos 97 anos. Bravo!).

FATO: é melhor acender uma luz que reclamar da escuridão.

Terça, 12 de maio

Entre Joyce e Jones

Está tarde e o sono chegou. Serei breve. Eis o resumo desta terça-feira:

1 - Terminei o primeiro episódio de "Ulisses", de James Joyce. Tomei coragem de encarar o livro (na verdade, o e-book) depois que o Luciano me mostrou várias palestras, entrevistas e guias que explicam – ou tentam explicar – o universo joyciano. Sem essa imersão, as primeiras 22 páginas da obra mais famosa do escritor seriam mandarim para mim.

2 - Engordei. Foi só eu mandar mal na dieta que a minha calça jeans mandou mal em mim. Lamentável: saí do "Ulisses" e fui parar nessa versão mal-acabada de "O diário de Bridget Jones". Sei que deveria me pesar hoje, mas decidi que será só na sexta-feira. Prometo falar para você a verdade, nada mais que a verdade, quando encarar a balança. Em tempo: eu estava agorinha mesmo de olho na taça de vinho do Luciano. Quase sucumbi e pedi um golinho, mas resisti!

3 - A pedido da Ana, rezamos o terço. Tem coisa melhor que rezar em família? Amanhã é Dia de Nossa Senhora de Fátima. Mãe querida, rogai por

nós. Hoje é aniversário do meu amigo Marcelo Lins, como o tio Milton, o rei dos trocadilhos. Rogai por ele também. Ah, e antes de dormir, mamãe pediu para rezarmos juntas para Santo Antônio pelo fim da pandemia. Amém.

Sexta, 15 de maio

O peso da pandemia

Prometi e cumpri. Encarei a balança logo cedo e – sem orgulho – constatei que, durante o isolamento, vieram mais dois quilos e meio. Decidi que comeria como um passarinho hoje. Falhei. Culpa da batata assada, que ficou me olhando no jantar, amarelinha e formosa...

O famigerado "já que" veio em seguida. **Já que** comi a batata, por que não comer um brownie? Tem coisa mais burra que o tal do "já que"? **Já que** engordei, por que não explodir? **Já que** errei, por que não insistir?

Tudo bobagem. Se pesei ou se comi, o importante é que emoções eu vivi.

Bom fim de semana!

Sábado, 16 de maio

O sol, as cores e meus amores

Da minha janela, contemplo mais um dia majestoso. O céu está tão lindo, com um azul "marmóreo", definição que Luciano acabou de dar. Ou "marmorizado", acrescentou agora.

Não sou boa em definir cores. No trabalho, quando a editora de moda oferece as opções do dia, fico sempre perdida. "Olha, tem a blusa goiaba, a jabuticaba e a melancia". Meu cérebro não consegue fazer transposição que faça sentido entre a fruta e a cor. Fico com fome, isso sim (não! Não vou voltar a falar da minha gula).

A vida era simples quando havia o amarelo, o azul, o vermelho e outras obviedades. O vinho já me confunde (vai uma taça aí? Olha como minha mente funciona...). Outro dia, tinha toda a certeza do mundo de que minha camisa era vinho e a Margareth, maquiadora e querida amiga, achou graça, porque era roxa, claro. Ainda fiquei com vontade de perguntar se tinha alguma diferença, mas desisti. *Bug* no sistema.

Por falar em roxo, estou roxa de saudades da Lu. Entenda, diário, que se você está começando a me conhecer, minha amiga poderia escrever minha biografia com mais detalhes do que eu.

Até porque ela participou da maioria dos capítulos, "presencialmente" (palavra que entrou na moda durante o isolamento) ou à distância. Conversamos todo santo dia e o papo sempre rende.

O melhor é que o Luciano e o marido dela, o Chico, também viraram unha e carne. Somos amigos inseparáveis, separados pela pandemia. Mil vivas às chamadas por vídeo.

Ontem à noite, decidi: vou me vestir bem em casa. Não quero ser a mulher do pijama. Por sinal, as vendas de pijama estão bombando! Os japoneses inventaram um cuja parte de cima é metade malha, metade camisa social, para o executivo poder fazer videoconferência e, depois, se jogar na cama, sem precisar trocar de roupa. O ser humano é sensacional. Aliás, tenho muita fé nos pesquisadores que estão trabalhando dia e noite para encontrar a vacina contra o coronavírus. Graças a Deus pelos cientistas!

Olha que coincidência! Estava escrevendo sobre a minha decisão de ficar bem vestida em casa e minha mãe acaba de compartilhar o seu "look do dia", o que me incentivou ainda mais. Está linda com um vestido preto e branco, colarzão e a armação de óculos estilosa que eu dei para ela uma semana antes de começar o isolamento. Mamãe não deixa a peteca cair mesmo. Nem percebe que existe uma peteca.

Minha sogra também arrasa durante os papos noturnos. Cabelo preso num singelo rabo de cavalo. Pele impecável. Figurino sempre minimalista: *the simpler, the better*. Até quando ela está de pijama a roupa de dormir ganha um novo status. Elegante até debaixo da água, aposto. Ah, e uma echarpe sempre completa o visual porque ela costuma sentir frio. 10! Nota 10!

Domingo, 17 de maio

...

Segunda, 18 de maio

A pequena Maria e a grande Mariazinha

Ela finalmente chegou! E isso explica as reticências de ontem. Sim, eu queria escrever. Sério! Eu coloquei a data e esperei a inspiração vir (ou pelo menos a força de vontade), mas a TPM não deixou, aquela megera. Essas três letrinhas mostram o pior que há em mim. Viro um monstrinho. É bem verdade que tento domar a fera e, na maioria das vezes, ela não mostra suas garras, mas EU SEI QUE ELA ESTÁ LÁ, me tentando para a vilania.

Uma vez li um texto delicioso do João Ubaldo Ribeiro com o qual me identifico. Ele dizia que havia "o grande Ubaldo" e "o pequeno Ubaldo". O primeiro era um sujeito inteligente, simpático, educado, sem grandes neuroses, afável, solidário. Uma pessoa excelente. O segundo era um canalha que vivia o perseguindo (olha o monstrinho aí). O escritor já havia tentando botar o pequeno Ubaldo para fora de casa várias vezes... Sem sucesso.

Quando a TPM chega, traz com ela a pequena Maria. Ainda bem que as duas foram embora.

Por falar em pequena Maria, minha família e minhas amigas da juventude me chamam de

Mariazinha, já que eu tenho o mesmo nome da minha mãe e era sempre preciso esclarecer a qual das Marias se referiam. Ser Mariazinha fazia todo sentido quando era criança, mas agora que tenho 1,80m parece um total contrassenso. Ainda bem que nunca ninguém chamou minha mãe de Mariazona. Eu costumo brincar que ela é a verdadeira Maria Beltrão. Eu sou a genérica.

Às vezes, confundem as duas. Já fui parabenizada, por exemplo, por prêmios que a mamãe recebeu. Queria eu acumular a profissão de jornalista e arqueóloga, mas sou uma completa ignorante na ciência que a consagrou.

Quando eu era pequena (sim, já fui pequena), joguei fora uma pedra feia que estava em cima da mesa de trabalho da mamãe. A pedra era um fóssil que ela estava pesquisando. Claro que, primeiro, ela quase desmaiou e, depois, quase me matou. Não é maravilhoso que alguns momentos tensos possam virar as histórias que a gente mais gosta de contar?

Minha mãe é mesmo "a grande Maria", uma das pessoas mais interessantes que conheço, uma força da natureza. Claro que se a TPM ainda estivesse aqui, eu ia preferir inventar uns cem traumas de infância. Mas ela foi embora. Que vá em paz.

Quinta, 21 de maio

Ainda há esperança

Falta uma semana para o aniversário da Bia. Faltam quatro meses para os 18 anos da Ana. As duas – enteada e filha – adoram "aniversariar". Disparam a contagem regressiva uns seis meses antes.

No isolamento, a comemoração da Bia vai começar assim: no intervalo das aulas pela internet vai rolar um *brunch*, preparado no maior capricho pela mãe. Ela explicou que não vai dar para faltar à aula porque será semana de prova. (Fiquei pensando: quando a aula é virtual, o que a gente faz para faltar? Basta não ligar o computador?)

Fato é que a Bia, com ou sem festa, está sempre animada. A Ana também é assim. Uma alegria contagiante.

Outra que tem o astral nas alturas é a mãe do Octavio Guedes, a Lucy, para quem acabei de ligar. Com 79 anos e morando sozinha há dois meses, está tirando a quarentena de letra. Ela perguntou se eu podia ligar mais tarde. Motivo? Está tendo aula virtual de inglês. Não é sensacional? Como filho de peixe, peixinho é, meu amigo Guedinho, além de grande jornalista e comentarista afiado, é uma das pessoas mais engraçadas e adoráveis da televisão.

Não que seja fácil manter a paz de espírito nesses tempos excepcionais. Já estávamos na era da ansiedade, do pânico e, com a Covid, tudo piorou. Chiquinho, nosso amigo taxista, está sofrendo muito com o confinamento. Tinha a pressão controlada e agora ficou hipertenso. Estresse puro. Ele me disse que já passou por muita dificuldade na vida, mas que nunca ficou com a cabeça tão ruim.

Confessei para o Chiquinho que, todo dia, depois de chegar do trabalho, eu demoro muito a me livrar das notícias do dia.

20 MIL MORTOS / CORONA EM 60% DOS MUNICÍPIOS BRASILEIROS / HOSPITAIS LOTADOS / FALTA UTI / FALTA EPI / RECORDE DE ENTERROS / COVID ATINGINDO EM CHEIO AS COMUNIDADES / CRISE / DESEMPREGO / CHORO / DOR / LUTO SEM VELÓRIO / DRAMA EM ASILO / MÃE QUE PERDEU TRÊS FILHOS / QUASE 200 PROFISSIONAIS DE ENFERMAGEM MORTOS / NADA DE VACINA / NADA DE REMÉDIO / MENINO DE 14 ANOS MORTO EM OPERAÇÃO POLICIAL / JOVEM DE 18 MORTO ENQUANTO DISTRIBUÍA CESTA BÁSICA / COLAPSO NO SISTEMA DE SAÚDE / FRAUDE EM COMPRA DE RESPIRADORES / COLAPSO DE VALORES.

Pode me chamar de covarde, mas no jantar eu vou falar de **flores**.

P.S.: Olha que incrível!! Liguei para o tio Milton e veja a música que ele resolveu cantar!!

Vê, estão voltando as flores
Vê, nessa manhã tão linda
Vê, como é bonita a vida
Vê, há esperança ainda
Vê, as nuvens vão passando
Vê, um novo céu se abrindo
Vê, o sol iluminando
Por onde nós vamos indo
Por onde nós vamos indo

Obrigada, tio, por florir a minha noite. Até amanhã.

Segunda, 25 de maio

Sobre ontem à noite

Ontem, domingo, participei da cobertura especial da pandemia do coronavírus. Fiquei seis horas direto no ar, das 18h à meia-noite, mas não trocaria esse dia por nada.

Primeiro, porque minha companheira de ancoragem era a Chris Pelajo. Amo demais essa amiga! Excelente profissional, pessoa melhor ainda. Entramos juntas na Globonews há 24 anos e a sintonia foi imediata. Se o canal é minha segunda casa e meus colegas são família, posso dizer que a Christiane é como uma irmã.

Segundo, porque nunca poderia imaginar a emoção que estava por vir.

Vamos lá:

Já passava das onze da noite quando a turma do "Manhattan connection" (de quem sempre fui muito fã) se juntou à nossa cobertura. Eis que no fim do bate-papo, o "maestro" Lucas Mendes começa a falar comigo sobre uma entrevista que fez com meu pai, quando este era presidente da Petrobras. Contou várias curiosidades sobre aquele dia e terminou dizendo (faço questão de escrever palavra por palavra): "Quem dera o Brasil tivesse um ministro hoje com o talento do seu pai".

Pronto. Pifei. Eu chorei daqui. Ele chorou de

lá. Ao vivo, no ar! Meu pai, como esse diário deve estar cansado de saber, foi a maior referência que tive na vida. Grande exemplo, melhor pai do mundo, culto, educado, inteligente, pessoa interessantíssima.

Peguei o contato do Lucas e passei um "zap", como dizem. Queria ter ligado, mas fiquei com vergonha. Agradeci por aquelas palavras que deixaram meu coração disparado e aquecido. Ele respondeu que queria ter conhecido melhor meu pai, "um exemplo de finura, cultura e informação". Disse que assiste sempre ao "Estúdio I" e que me admira. Que alegria!

Claro que mandei o trecho que foi ao ar para os meus irmãos, Cris e Helio. Vibramos juntos. Viva o papai! Era louco pelos filhos e a gente é louco por ele. Essa loucura de amor só faz bem.

Domingo, 31 de maio

Sempre teremos Veneza

Demorei a voltar a escrever, né? Peço perdão pela ausência. Sei que é difícil construir uma relação sem um mínimo de regularidade, mas sinto que nossa ligação vai durar, apesar das idas e vindas.

Se eu fiquei sem escrever, a Ana compensou: está inspiradíssima, produzindo sem parar. Declamou agora há pouco seu manifesto artístico. Poesia pura. Nem adianta pedir para eu reproduzir aqui o que ela disse, porque minha filha nunca lhe deu esse tipo de intimidade...

Opa! Dá licença que é hora da missa.

Calma. Já volto. Não vai começar a duvidar de mim só porque andei afastada. Lembre-se de que a confiança é a base da amizade.

Voltei. Hoje celebramos a festa de Pentecostes. Um dos pedidos incluídos na sequência do Espírito Santo foi:

No labor, descanso.
Na aflição, remanso.

Lindo, né? E eficaz. Os últimos dias foram de muito trabalho e pouco sono, mas finalmente voltei para o modo contemplação. Pedi, e o Espírito Santo me encheu de paz.

Estamos os três à mesa. Eu, concentrada em preencher mais uma folha em branco. Ana, escrevendo suas memórias. Luciano, aprendendo a cuidar de orquídeas na internet. Sim, ele resolveu se especializar em mais esta arte, desde que a mamãe começou a mandar semanalmente arranjos aqui para casa.

Confissão: morro de vergonha, mas as flores não duram comigo. Percebem que não dou a devida atenção e murcham, magoadas. Esse é um lado meu que em nada me orgulha. Minha mãe, por outro lado, bate altos papos com as plantas, que respondem com viço e vividez.

O grande destaque da semana foi a singela, mas muito especial, comemoração dos 16 anos da Bia. Luciano, nosso jedi japonês (o apelido apareceu logo no primeiro dia desse diário, lembra?), se voltou para um novo "bonsai".

Preparou durante horas uma colagem com ilustrações de Veneza e a transformou no mais original dos cartões de aniversário. Foi emocionante a alegria da Bia, com os olhos se enchendo de lágrimas, não só por causa do trabalho impecável, mas também pelo texto lindo que o pai escreveu.

Por que Veneza? Esse foi o destino da nossa última viagem, com as meninas e a Mirtia. Estávamos lá no dia 11 de janeiro, quando anunciaram a primeira morte por Covid na China. Nunca poderíamos imaginar que o novo coronavírus viraria, em pouco tempo, o inimigo número 1 do planeta. Menos de dois meses depois da nossa volta, a fervilhante Veneza ganhou ares de cidade fantasma. Um choque.

Em relação a esses dias difíceis, estou com o poeta Mario Quintana:

> *Todos esses que aí estão*
> *Atravancando meu caminho,*
> *Eles passarão...*
> *Eu passarinho!*

Aqui no meu diário, tristeza não tem a palavra final.

Que rufem os tambores!!! Não posso deixar de compartilhar meu grande feito da semana: perdi 1kg e 300g. Não sou incrível? Parabéns para mim.

Segunda, 8 de junho

Hora da bonança

Fiquei oito dias sem escrever, mas não se preocupe. Sei bem quais foram as principais manchetes da minha vida no período.

Tudo começou quando resolvi estrear um fone de ouvido com uma garrinha para envolver a orelha, já que o meu outro caía toda hora. Por ser de borracha, a parte interna gerou primeiro uma alergia purulenta (palavra feia, mas adequada) e depois uma infecção nos dois ouvidos.

Na segunda-feira, ainda fui trabalhar, mas depois o incômodo virou dor insuportável. Fiquei terça, quarta e quinta me recuperando, enquanto tomava antibiótico. Qual não foi minha surpresa – feliz, feliz – quando o chefe da redação me informou que me daria folga na sexta.

Já que a dor havia passado e, o melhor, eu me sentia descansada, aproveitaria de forma produtiva essa oportunidade.

Acho que extrapolei... Virei "a louca da arrumação". Uma louca embasada, é bom esclarecer. Afinal, a minha amiga Lu May vem me dando todo tipo de orientação sobre organização há pelo menos 20 anos. Muito antes de o *personal organizer* entrar na moda, ela já tinha fundado a "ArruMay", levando o maravilhoso mundo da praticidade para a vida das pessoas. Estava na hora de eu transformar esse aprendizado em ação.

Foi uma revolução. Organizei primeiro os produtos do banheiro e depois encarei roupas, sapatos, lenços etc (nesse etc cabe o mundo, tá?).

Fiquei orgulhosa do resultado! A primeira consequência foi ter vontade de me vestir melhor e escolher com carinho e atenção cada acessório (ritual que é um bálsamo para a autoestima).

Foi muito inspirador também assistir a um vídeo da minha amiga Bia Kawasaki, consultora de imagem pessoal. Primeiro, ela lembrou que a palavra elegância está ligada ao verbo em latim *eligere*, que significa escolher. Fiquei pensando em como é importante a gente escolher peças e cores que reflitam quem somos e comuniquem o nosso melhor.

Outra curiosidade: a palavra inglesa glamour se originou do termo escocês *gramarye*, que significa encantamento.

Filosofei.

Quem sou? O que me define? Como encantar? Que recado quero passar nesses tempos excepcionais?

ALEGRIA!

A palavra veio como um outdoor, emoldurado por neon.

Sabe aquele fone de ouvido que me deixou com alergia e dor? É a ele que dedico esse ciclo virtuoso que se iniciou na minha vida. Obrigada, limão. Está na hora da limonada.

Quarta, 24 de junho

A nova e as antigas paixões

Será que é como andar de bicicleta? Já são 16 dias sem aparecer por aqui. Enquanto escrevo, sinto sua decepção, meu diário. Mas, na tentativa de correr atrás do tempo perdido, aviso logo: vou ultrapassar com folga o limite de três páginas.

Você deve estar se perguntando: por que parou? Parou por quê?

A verdade é que ando ocupada, não só com meu trabalho, mas com minha nova paixão... Lembra da limonada? Pois é...

Hoje perguntaram, brincando, na rede social: "Maria, quando você virou essa *influencer* de moda"? *Influencer* é demais, né? Taca uma palavra em inglês *(influencer, blogger, youtuber)* que tudo ganha importância. *Fashion influencer*, então, é top, como dizem por aí.

Vale lembrar que o nome do desafio literário que me levou até aqui é *morning paper*. Não aguentei mais conviver com esse anglicismo e o abandonei pelo caminho.

Lembrei também que, quando morei em Paris, os franceses se recusavam a dizer laptop. Era *micro-ordinateur portable*, e não se falava mais nisso. É longo? É... É mais bonito? *Bien sûr!*

Divaguei. Voltei.

Que eu me lembre, foi assim que aconteceu:

Eu vi no Instagram da minha amiga Bia Kawasaki – aquela que saca tudo e mais um pouco de moda e estilo – um vídeo sensacional sobre amarração de lenços (pausa para mudar para as letras capitais: AMO lenços, cachecóis e pashminas).

Resolvi, então, fazer eu mesma um vídeo/plágio para ver se eu tinha aprendido as amarrações. Não só plagiei, como mostrei pra Bia, e achamos o resultado tão divertido que resolvi postar na minha conta. Fato é que o vídeo fez muito bem às pessoas e a mim também.

Meus seguidores pediram bis e senti que eu tinha mais a oferecer. Afinal, moda também é comunicação (e se de estilo não entendo tanto, o comunicar é meu ganha-pão). Estava decidido: finalmente aceitaria a consultoria que há anos a Bia insistia em me dar de presente.

(Eu já tinha ficado animada quando a Paula Serman, que também é especialista no assunto – sim, tenho amigas megaestilosas –, apresentou a mim minha paleta de cores, injetando vividez no meu visual. Hoje em dia, se alguém gritar arco-íris, vou achar que é comigo. Em tempo: nasceu Marina, filha da Paula. A nova mascote do meu grupo de oração certamente será um ícone fashion.)

A Bia me ajudou a entender o que funciona com o meu biotipo facial e corporal e, principalmente, o que combina com a minha personalidade. Passei a caprichar não só na roupa e nos acessórios, mas ainda na maquiagem e no cabelo. Um combo de autoestima em tempos em que o pijama jura que é smoking.

Comecei a postar no Instagram meu "look do dia", sempre acompanhado de uma legenda divertida, alto-astral. Deu certo. Virei até personagem de uma reportagem sobre moda *comfy* (pois é, confortável virou *comfy*), uma tendência que faz todo sentido em tempos de quarentena.

Sim, Dostoiévski, "a beleza salvará o mundo". Todo ser humano, quando contemplado na sua singularidade, é belo. Belo demais.

Quarta, 24 de junho

Parte 2

Eu avisei que escreveria muito. Tô matando a saudade *docê*, uai!

Hoje é um dia pra lá de especial. Para começar, é Dia de São João.

Pauso... Quem diria que teríamos um ano sem a animação das quadrilhas de festa junina? Enquanto escrevo, pipocou aqui no meu celular: 1.103 mortes por coronavírus em 24 horas. 53.874 no total. É muita família de luto. Quem conhece alguma consegue dimensionar o tamanho da dor, que envolve sepultamentos rápidos, com poucos parentes presentes e caixões lacrados. Ainda que seja atropelada diariamente por números que se repetem à exaustão, sempre procuro parar e refletir sobre a quantidade de vidas interrompidas. Depende de cada um de nós evitar que esse vírus chegue àqueles que não conseguirão sobreviver.

Mas, voltando ao dia especial...

Foi num 24 de junho que nasceram meus afilhados Marcos e Helena. Sim, no mesmo dia, com um ano de diferença, deram o ar da graça duas das minhas paixões: o filho da minha irmã Cristiana com o André, e a filha do meu irmão Helio... com a Roberta!

Lembra da Roberta? Essa história vale a pena contar. Foi na primeira série do primário (hoje, segundo ano) que fizemos o pacto: "Haja o que houver, seremos madrinhas do/da filho/filha da outra". Cumprimos à risca. Roberta é "a segunda mãe" da Ana também.

Em 2019, fizemos 40 anos de amizade, mas celebramos à distância, entre outros motivos, porque a Bel (sim, esse é o apelido dela) mora nos Estados Unidos. Agora que veio a pandemia, não quero mais saber dessas nossas desculpas vãs. Perceba, diário, a Roberta é uma das pessoas mais importantes da minha vida. Leve, alto-astral, distribui alegria por onde passa. É mãe da "minha Helena" e também do Jonathan, outra delícia de ser humano. Família linda da qual me sinto parte.

Este é o novo pacto: estaremos juntas – no 1º de março de 2021 – para marcar e brindar mais um ano de uma relação que guardo como tesouro do lado esquerdo do peito.

Já viajei para o passado e para o futuro, agora deixa eu pousar no presente.

Você não pode imaginar, meu querido diário, o orgulho que tenho em ser dinda (ou "tinta", como a Helena me chama) dos aniversariantes do dia: Marcos fazendo 23 e ela, 22. Os dois são muito diferentes e, ao mesmo tempo, iguais no que é fundamental: têm um grande coração.

Não vou poder estar com a dupla hoje, nem com meus irmãos, nem com meus outros sobrinhos, nem com meu cunhado André, a quem amo de paixão e com quem convivo há quase 30 anos (aff, estou começando a me sentir velha.

Culpa da Roberta e do André, que me inspiraram a fazer esse tipo de conta).

Daria tudo para rever hoje também a Mari Pri (sim, você já sabe quem é, meu diário). Essa conta é fácil: conheço minha prima-irmã há 48 anos, ou seja, a minha vida inteira. Nascemos no longínquo ano de 1971, com apenas um mês de diferença, e nunca mais nos desgrudamos. Se um dia eu escrever minhas memórias, certamente nos capítulos mais divertidos Mariana roubará a cena. Com ela tive as maiores crises de riso e vivi histórias dignas de uma comédia pastelão. Estou sorrindo enquanto escrevo. Nossas histórias dariam um livro... talvez dois.

A melhor notícia de todas, meu querido diário, é que amo minha família e todos estão bem e com saúde.

Apesar dos pesares, dá para sorrir e cantar: "O céu é tão lindo e a noite é tão boa. São João, São João, acende a fogueira do meu coração".

Domingo, 28 de junho

Mais um choro bom

Na coluna do Xexéo de hoje, no "Globo", ele lembra que meu tio Henrique Beltrão compôs a música "Amendoim torradinho", um grande sucesso dos anos 50, além de citar meu pai. O que motivou o texto foi o fato de Caetano ter cantado a música em mais uma deliciosa "mini laive".

Tio Henrique é mais um da família do papai que não conheci e de quem sinto saudades, assim como a vovó Christy e o vovô Heitor. As histórias que papai contava sobre eles, enquanto saboreava um negroni preparado pela Cris, animavam os nossos almoços de domingo. (Luciano e minha dinda/sogra também adoram um negroni. Nesse quesito, sou ovelha negra. Não gosto de gim, nem de vermute, nem de Campari. Imagine, então, os três juntos? Sem condição...)

Para mim, Xexéo sempre foi "o homem, a lenda, o mito". Encho o peito para dizer que, hoje, ele não só é meu colega de "Estúdio I", como um grande amigo. Por essas e outras, fiquei muito impactada ao ver o nome do tio Henrique estampado na coluna que leio todo domingo.

Eis o que escrevi no Instagram sobre a experiência:

beltraomaria Hoje, foi dia de chorar escondida que nem a mãe do Xexéo. Tudo culpa dessa coluna que ele escreveu, lembrando o tio que nunca conheci e de quem papai sempre falava, com os olhos brilhando de orgulho. Tio Henrique amava a música e as mulheres. Sabia literalmente dar uma cantada, grande compositor que era. Assim como a mãe do colunista – minha irmã lembrou mais cedo –, papai ficava triste quando tocava "Amendoim torradinho", mas ela pedia porque "afinal, é tão linda". Revi a "mini laive" do Caetano e cantei com ele, caprichando na parte "Eu sinto uma vontade louca de gritar pelas ruas que eu já colei minha boca na boca que é tua". Aposto que Xexéo consegue imaginar minha interpretação, dramática que sou. Ah, meu amigo, sei que você não gosta de cena de amor explícito, mas tudo o que eu queria agora era te abraçar até o choro passar!

Luciano acaba de ligar a TV e selecionar o canal de "músicas dos anos 80". E sabe quem apareceu, de cara? Caetano!

Tive o papai na minha vida durante todos os anos 80. Como nasci em 1971, posso dizer que perdi um ano com ele nos anos 70. Como ele se foi em 97, perdi três... Ai, já nem sei o que estou escrevendo... Voei!

Foi nos anos 80 também que o meu grupo de melhores amigas se formou. Sim, aquelas que você já conhece, a família que escolhi. Todas elas lembram com saudades do "tio Helio" e da cantoria de domingo. Por sinal, foi a Dani que me alertou sobre a coluna de hoje do Xexéo.

Minhas amigas queridas sempre estiveram ao meu lado na alegria e na tristeza. A elas dedico o choro bom de hoje.

Terça, 7 de julho

Tio Milton não tem Covid

Foi no sábado que soube que tio Milton tinha sido internado. Sim, aquele que considero um segundo pai foi parar no hospital (o que, com 97 anos, nunca é bom sinal, com corona ou sem corona).

Conforme ele me relatou, "andou gripado, entrou no antibiótico, mas quatro dias depois teve febre mesmo assim. Febrícula de 37,2, mas o médico preferiu não arriscar".

É que tio Milton tem uma condição antiga, chamada bronquiectasia. Tem pneumonia a cada seis meses. Foi o que aconteceu, e no meio da pandemia. Ele chegou ao hospital revoltado. Ter que sair de casa foi o fim da picada. Ficou ainda mais contrariado depois de descobrir que iria para o CTI enquanto o resultado da Covid não saísse.

Morri de pena da Vand, que é mais que uma funcionária para o tio Milton: é mesmo um anjo da guarda. Ela insistiu com o médico que queria ficar com o tio Milton. "Impossível. Ele pode estar infectado e tem que ficar isolado", o médico retrucou. "Mas tomamos tanto cuidado", ela ainda argumentou, já vencida.

Disseram que o resultado sairia ontem e a Vand esperou o dia inteiro com a mala pronta.

Não saiu. Saiu hoje. A transferência para o quarto, o hospital garantiu, será amanhã de manhã.

São dez da noite de uma terça-feira e só agora tomei coragem para escrever alguma coisa. Estou em transe desde sábado. Ontem, no camarim, nem reparei que lacrimejava. O meu amigo Ronald, maquiador que me conhece há 20 anos, alertou: "Seja o que for que você estiver pensando, pode parar porque já começou a borrar a maquiagem e você tem um jornal de três horas para apresentar".

Voltando à mala pronta à espera do tio Milton, lá dentro está o escapulário que a Ana deu para ele. Mais cedo, Luciano me lembrou, providencialmente, que hoje era o primeiro dia da Novena de Nossa Senhora do Carmo. Rezei e, veja você, já consegui essa graça. A fé não costuma falhar (ou "faiá", como canta o Gil).

Por falar nisso, logo que soube que tio Milton não tinha Covid, agradeci às queridas amigas do grupo de oração, que rezaram comigo pela sua recuperação. Sinto muita falta dos nossos encontros, mas, perto ou à distância, essa rede de apoio me faz muito bem.

Ah, lembra da louca da arrumação? Pois bem, hoje, organizando minha papelada, encontrei uma cartinha escrita pelo tio Milton em 1988.

Transcrevo:

12/06/88 (Dia dos...!!!)
Mariazinha sempre danadeca, nada de afobação. Não vai atrás dessa conversa. Namorado tem hora.

Acresce ainda que os homens são uns chatos. Raras são as exceções nesse particular.

Conte com o seu titio para o que der e vier, que, além de seu fã, é também seu eterno namorado há quase 17 anos.

O carinho e a beijoquinha do tio Milton.

Amanhã, poderei voltar a bater papo com meu eterno namorado, um privilégio que o CTI nos tirou. Agora, vou dormir para o tempo passar mais rápido. Boa noite.

Quarta, 8 de julho

O que nos aproxima

Aprendi há uns dez anos a negar trabalho. Dizer não foi uma grande conquista na minha carreira. Antes ficava constrangida e ia aceitando todas as propostas do mundo, enquanto a estafa me consumia. Não aproveitava. Sofria.

Nesses tempos pandêmicos, então, decidi não escrever uma linha sequer que não fosse para o meu "Estúdio I" de cada dia.

Eis que veio um convite irresistível e mandei às favas minha decisão. Mudar de ideia é uma grande virtude, não acha, não?

Fui convidada pelo poeta Hugo Langone a escrever o prefácio do livro que traz as cartas trocadas, de 1947 a 1954, entre o escritor irlandês C. S. Lewis, autor de "As crônicas de Nárnia", e o padre italiano Giovanni Calabria, hoje São João Calábria (canonizado por João Paulo II, em abril de 1999).

Sou encantada pela vida dos santos e por histórias de conversão. E quando, essas duas narrativas convergem, nada pode me interessar mais!

Lewis se converteu ao cristianismo depois de uma conversa com o J. R. R. Tolkien, autor de "O senhor dos anéis". Foi numa noite em que uma súbita ventania "pareceu sugerir a presença de Deus" (palavras do convertido).

Langone me contou que foi nos anos 40, já

no pós-guerra, que o sacerdote católico leu as "Cartas de um diabo a seu aprendiz", do grande autor protestante do século XX.

A obra impressionou o futuro santo, que iniciou uma troca de correspondências com o escritor... em latim!

O que os dois tinham em comum? Eram afeitos ao diálogo e buscavam a unidade entre os cristãos. Nesses tempos em que a moderação está fora de moda, foi maravilhoso encontrar nessa troca de cartas o bom debate, a empatia e a caridade.

Enquanto a inspiração não vem, pensei: não seria ótimo se eu pudesse escrever meu prefácio em latim? Assim, se ficasse ruim, ninguém notaria...

Brincadeiras à parte, que o Espírito Santo seja o meu guia.

Sexta, 10 de julho

As voltas que o mundo dá

Essa história de arrumar a papelada virou uma viagem no tempo. Encontrei amassadinha, perdida no meio de cartinhas e desenhos da Ana, a minha primeira matéria publicada. Não se anime, não... A publicação, no caso, era o jornal da Faculdade da Cidade, onde eu estudava na época.

Lembro bem como me senti importante com a incumbência e como eu queria desesperadamente impressionar meus professores. Parece que foi ontem, meu diário. O mais engraçado é que nessa época eu só tinha uma certeza: jamais trabalharia na TV. As aulas de telejornalismo só faziam me matar de vergonha. Do que eu gostava mesmo era de mídia impressa.

Por falar nisso, vamos à matéria:

Por isso ninguém "pogride"

Os clássicos "pra mim fazer" ou "houveram problemas" são ouvidos impunemente nos corredores da faculdade. Com o auxílio de gírias e palavrões, um novo dialeto se forma, em detrimento da nossa querida língua portuguesa que, de acordo com o artigo 14 da Constituição, continua sendo o idioma oficial da

República Federativa do Brasil. Não será espantoso se daqui a pouco o quesito "falar português" seja incluído nas fichas de seleção para um emprego. Os estudantes universitários, na maioria, não dominam a língua materna (pasmem!) e os futuros jornalistas não fogem à regra.

Não foi à toa que a Rede Globo contratou o professor de português Sérgio Nogueira para dar aulas e palestras na empresa, além de revisar o material que "vai ao ar".

Jornalistas tarimbadas como Sandra Moreyra e Fátima Bernardes aplaudem a iniciativa. Elas concordam que aprender nunca é demais, principalmente em se tratando de uma língua complicada, com mais exceções que regras.

A colega Fernanda Esteves, autora do livro "Desculpe a nossa falha", lembra àqueles que querem entrar no mercado que a leitura é fundamental. O jornalista Renato Machado, editor-chefe do "Bom dia Brasil", afirma que o descaso com a língua portuguesa é uma calamidade e chama atenção para o fato de o uso de palavrões estar provocando um empobrecimento vernacular (leia-se: estamos dando adeus à linguagem genuína, correta). E finalmente, a jornalista Alice-Maria, coordenadora de um dos melhores cursos de telejornalismo do país, não abre mão de duas aulas semanais de português para os seus pupilos.

Gramáticos e filólogos certamente ficam indignados com o desamor à língua portuguesa observado hoje em dia. Não podemos deixar que uma das partes mais importantes de nossa identidade cultural seja tratada dessa forma. Não podemos aceitar que estudantes uni-

versitários cometam erros primários, depois de tantos anos de aprendizado. Como dizia o vocalista do grupo Paralamas do Sucesso, Herbert Vianna, "assaltaram a gramática". É uma pena que logo na primeira palavra do nome desta famosa banda exista um assalto à ortografia. O mestre Aurélio Buarque de Holanda garante que sua grafia correta é "pára-lamas". Mas, quem ousa discutir a liberdade do artista?

Resolvi postar essa descoberta "arqueológica" no Instagram, seguida do texto abaixo:

beltraomaria Revirando documentos antigos, achei essa reportagem, que fiz quando universitária. Muito orgulhosa de ter meu nome estampado no jornal da faculdade, nem poderia imaginar que os jornalistas que citei na matéria passariam a ser, não muito tempo depois, meus colegas de profissão. No "Bom dia Brasil", o primeiro jornal que apresentei na Globo, tive a honra de dividir a bancada com o Renato Machado. Sandra Moreyra (que falta seu texto inspirado faz!!) e Fátima Bernardes também tiraram folga do Olimpo para virarem minhas amigas. Vale dizer, finalmente, que a "culpada" por todos esses encontros profissionais e pessoais foi a Alice-Maria, responsável por eu entrar e perseverar na TV. Ela e a filha, Ângela, são daquelas pessoas maravilhosas que só fazem bem a quem está por perto. Ah, já na GloboNews, também tive muitas aulas de português (e percebi minha santa ignorância em relação à língua que julgava dominar) com o genial professor Sérgio Nogueira, que, por sinal, foi durante alguns anos comentarista do "Estúdio I". Que beleza é a vida. Quantas surpresas ela nos reserva quando a gente aprende com o fracasso e insiste em acreditar.

P.S.: Tio Milton está ótimo. Agora que foi para o quarto do hospital, voltamos às nossas animadas chamadas de vídeo. O homem é uma rocha. Deus é Pai!

Sábado, 11 de julho

Aquela nuvem, o azul do mar e nada mais

Era uma sexta-feira e o jornal chegava ao terceiro ou ao quarto intervalo. Eis que Natuza Nery, a brilhante comentarista de política, que participa do "Estúdio I" em São Paulo (e minha mais nova amiga de infância), entrou no clima de *good times* e me enviou um vídeo pelo "zap" cantando "Sem limites pra sonhar", música do Fábio Júnior (viu? Não estou sozinha nessa obsessão pelos anos 80).

Rebati com a primeira parte de "Aquela nuvem", do Gilliard. Ela emendou com a segunda. Finalmente, pedi para o meu amigo Marcelo Lins concluir a cantoria.

O resultado ficou tão simpático e afetuoso que resolvi postar nos *stories* do Instagram e "marcar" o Gilliard. Qual não foi minha surpresa quando ele não só respondeu, se revelando um grande fã da GloboNews, como gravou um vídeo interpretando a música para a gente.

Com tudo e prosa, fiz uma chamada de vídeo para meus companheiros de canto, Natuza e Lins, celebrando esse encontro entre fãs e ídolo. Depois de ver que os seguidores, tanto do Gilliard como do "Estúdio I", festejaram a brincadeira, fiquei "matutando" em casa que seria bom fazer outras postagens que inspirassem alegria e esperança nesses tempos difíceis. Sintonia total com o Lins, que me mandou uma mensagem sugerindo que, toda semana, a equipe do jornal cantasse uma música no melhor estilo "recordar é viver". Nascia assim a "Sexta-feira musical do 'Estúdio I'".

O homenageado da semana seguinte foi Guilherme Arantes. A música, "Meu mundo e nada mais". Foi sensacional. Inclusive, o respeitadíssimo comentarista Valdo Cruz, amigo querido, abriu o clipe musical. Foi demais a reação das pessoas, surpresas com os jornalistas cantores.

Ontem, foi a vez de gravar "Todo azul do mar", do maravilhoso Flávio Venturini. Quem abriu os trabalhos foi o Rodrigo Caruso, editor-chefe do "Estúdio I", que canta, por sinal, muito bem. Acho que só perde para a Natuza, a nossa Marisa Monte do jornalismo. Ficou lindo.

Dessa vez inovamos: teve análise do Dapieve, nosso crítico musical, e o Octavio Guedes, que se recusou a cantar – covarde! –, bancou o Pedro de Lara e julgou impiedosamente nossa equipe de calouros. Hilário!

Confesso que vibrei de emoção quando Flávio Venturini não só respondeu à homenagem, com palavras pra lá de generosas, como postou o vídeo no Instagram dele. Fechamos a semana com chave de ouro. Se quem canta os males espanta, nada como uma boa cantoria em tempos de pandemia.

Domingo, 12 de julho

A presença na ausência

Fui dormir e acordei com muita, mas muita saudade da minha sobrinha Carol. Adoro quando minha irmã Cris diz que ela se parece "de jeito" comigo. Não sei que jeito é esse, já que ela tem mil e um talentos que jamais tive ou terei. Desenha lindamente, cozinha maravilhas, sabe fazer maquiagem cenográfica, pintou o quarto na quarentena e pinta o sete na vida. Sou fã!

A caçula do meu irmão, a Ella, uma espoleta, também tem algo da Mariazinha que eu fui e ainda sou (quem diz é a mãe dela, a Gra, portanto uma juíza imparcial, ok?). Já a Cacá, quatro anos e meio mais velha, é mais *low profile*: escritora inspirada, fotógrafa sensível e interessada em astronomia. Parecida com a mãe e com minha irmã, acho. Minhas duas sobrinhas paulistas são absolutamente diferentes (choppinho e *chablis*, costuma dizer a mãe) e completamente irresistíveis.

Agora, quem é parecida comigo MESMO – cara de uma, focinho da outra – e muito próxima dessa que aqui escreve é minha afilhada Helena, a mais velha do Helio. Hoje mesmo postei foto/provocação, mostrando a semelhança siamesa entre nós. Detalhe: estou escrevendo enquanto ouço a Helena cantar "I wanna be loved by you", vestida de Marilyn Monroe! (Ela é um talento!! Estuda música na Berklee, em Boston). Quero bis.

Saudade apertada aqui também do meu afilhado Marcos, o primogênito da Cris, o primeiro da fila. Na infância, era um grude comigo, mas há muito já desgarrou. Sensível e cerebral, é discreto e amoroso. Eita nós. Lembrei agora que ele foi o único neto que papai conheceu. "Conheceu sem reconhecer", já que a doença terminal tinha lhe tirado a consciência. O melhor avô do mundo não pôde defender esse título em vida.

Estou louca para rever também minha afilhada Maria Clara e meu sobrinho Gabriel. Eles são filhos da Mari Pri. Sim, aquela que nasceu um mês depois de mim e, desde então, caminha ao meu lado pela estrada afora.

Já escrevi e repito: amo muito minha família. A dor da saudade que a quarentena impõe também nos ajuda a entender o que é essencial.

Ah, hoje eu e a Cris começamos a fazer planos: vamos jantar no Bazzar quando a flexibilização deixar. Como estou desde abril sem ver minha irmã, terá sabor de banquete.

Uma noite a se esperar.

Segunda, 13 de julho

Me leva junto, poeta?

Nesses tempos excepcionais, "vambóra" pra Pasárgada?

Vou-me embora pra Pasárgada

Vou-me embora pra Pasárgada
Lá sou amigo do rei
Lá tenho a mulher que eu quero
Na cama que escolherei
Vou-me embora pra Pasárgada

Vou-me embora pra Pasárgada
Aqui eu não sou feliz
Lá a existência é uma aventura
De tal modo inconsequente
Que Joana a Louca de Espanha
Rainha e falsa demente
Vem a ser contraparente
Da nora que nunca tive

E como farei ginástica
Andarei de bicicleta
Montarei em burro brabo
Subirei no pau-de-sebo
Tomarei banhos de mar!
E quando estiver cansado

Deito na beira do rio
Mando chamar a mãe-d'água
Pra me contar as histórias
Que no tempo de eu menino
Rosa vinha me contar
Vou-me embora pra Pasárgada

Em Pasárgada tem tudo
É outra civilização
Tem um processo seguro
De impedir a concepção
Tem telefone automático
Tem alcaloide à vontade
Tem prostitutas bonitas
Para a gente namorar

E quando eu estiver mais triste
Mas triste de não ter jeito
Quando de noite me der
Vontade de me matar
— Lá sou amigo do rei —
Terei a mulher que eu quero
Na cama que escolherei
Vou-me embora pra Pasárgada.

* * * ** * ** *

Que maravilha reler Manuel Bandeira. Que necessário frequentar os reinos que ele inventou. Que beleza é a poesia que, antes de passar pelo crivo da razão, é entendida no coração.

Adoro esse trecho do poema "Testamento":

O que não tenho e desejo
É que melhor me enriquece.

Tive uns dinheiros – perdi-os...
Tive amores – esqueci-os.
Mas no maior desespero
Rezei: ganhei essa prece.

Vi terras da minha terra.
Por outras terras andei.

Mas o que ficou marcado
No meu olhar fatigado,
Foram terras que inventei. (!!!)

Claro que as exclamações são minhas e não do Bandeira. Sou uma mulher exclamativa. Sempre fui.

As terras que o poeta inventou são mais elaboradas do que aquelas para as quais quero voltar agora. Minha Pasárgada eu já conheci e espero rever muito em breve: é o lugar onde posso estar com a minha mãe e fazer aquela massagem no pé de que ela tanto gosta.

As notícias são boas aqui no Rio. O estado é um dos três no país onde as mortes vêm caindo de forma sustentada. Os restaurantes e academias reabriram e os parques, também.

Falando nisso, lá em São Paulo, o Parque do Ibirapuera "reestreou" com tudo. Na entrada ao vivo da repórter Isabela Leite, o ipê rosa estava exuberante. A natureza se vestiu de primavera neste inverno para encontrar seu público.

Ah, meu diário, por aqui já estão florescendo alegria e esperança. Vem, Pasárgada, vem!

Quarta, 15 de julho

De perto ou isolado, ninguém é normal

Para tentar entender os principais efeitos colaterais desses tempos de isolamento social na minha vida, recorri às postagens recentes que fiz no Twitter.

Post:
Acabo de dizer a seguinte frase: "Quem faz a série é aquela atriz ótima... que fez aquele filme que eu adoro... com aquele ator engraçado superconhecido..." Aff... Quem se identifica com a minha mania de falar muito sem falar nada?

Diagnóstico:
Minha memória, que já era ruim, ficou pior. Sou como meu pai, que costumava dizer: "Jamais poderia escrever minhas memórias. Só as minhas amnésias".

* * * * * * *

Post:
Estou brigando feio com o computador desde 8h e ele nem reage. Eu grito. Ele silencia. Relacionamento vai mal. Sei que se uma jovem chegar aqui, ele vai despertar do transe. Vai me

trocar por alguém com a metade da minha idade. Máquina é tudo igual.

Diagnóstico:
A tecnologia emburreceu na pandemia. Eu sou inocente.

※ ※ ※ ※※ ※ ※※

Post:
Acordei com muita vontade de comer picadinho (com farofa, naturalmente, e um singelo ovo estalado pra dar um ar de café da manhã). Almoçaria às 7h sem problema nenhum. Sem sobremesa para não exagerar. Afinal, tenho princípios.

Diagnóstico:
Quem faz isolamento – mesmo quem continua trabalhando, como eu – perde a rotina. Dia vira noite. Noite vira dia. Regra vira utopia...

※ ※ ※ ※※ ※ ※※

Post:
Confissões da pandemia: sou dessas que só se pesam de manhã, em jejum e sem roupa. Se bobear, até os óculos tiro.

Diagnóstico:
A paranoia com o peso aumenta em tempos de confinamento. E, sim, acho minha armação de óculos bem pesada.

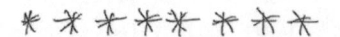

✳︎✳︎✳︎✳︎✳︎✳︎✳︎✳︎

Post:
Reflexão do dia: viva a ressaca!!!!
Se não existisse ressaca, acho que estaria exagerando no vinho nessa pandemia. Só acho.

Diagnóstico:
Beber também engorda. Mais um viva para a ressaca.

✳︎✳︎✳︎✳︎✳︎✳︎✳︎✳︎

Post:
A maravilha de ter vista cansada e não enxergar mais nada de perto é que não tenho mais "acesso" a minhas rugas e cabelos brancos. É tudo "embaçadamente" perfeito. Quadro de Monet.

Diagnóstico:
Já não usava óculos de perto para me olhar no espelho antes. Na pandemia, nada mudou. Rosto embaçado e cada vez mais jovem. Temos.

✳︎✳︎✳︎✳︎✳︎✳︎✳︎✳︎

Post:
Na era da mensagem de texto, percebo que existe uma nova etiqueta: quando realmente alguém precisa falar ao telefone, antes de ligar, manda um "zap" pra pedir permissão. "Pode falar?". "Posso ligar?". Antiga que sou, tenho o impulso de ligar direto, mas temo ofender o amigo.

Diagnóstico:
Sinto muita falta dos meus amigos na quarentena. Troquei as mensagens de texto por animadas chamadas de vídeo.

※ ※ ※ ※ ※ ※ ※

Post:
Sou do tempo em que beber vinho Liebfraumilch era o máximo dos máximos.

Post:
Sou do tempo do "Boa noite, John Boy".

Post:
Sou do tempo em que rede social era ligar para o "disque-amizade". Quem lembra?

Post:
As minhas fotos dos anos 80 – lado a lado – são um filme de terror. Cismei que meu cabelo ondulado e volumoso ficava bem com o corte Chitãozinho e Xororó. O penteado + sobrancelha de dez andares + um batom vermelho que eu insistia em colocar na adolescência = Socorro!

Diagnóstico:
Os quatro posts seguidos escancaram que esses tempos de pandemia me deixaram nostálgica. Estou olhando muito pelo retrovisor. E o mais legal: estou celebrando muito o que vejo.

* * * * * * * *

Por falar nisso, para tudo! Tenho que dividir a descoberta que fiz hoje. Antes, uma observação: na época em que eu bebia Liebfraumilch e tinha o cabelo mais equivocado do mundo, eu era louca por Leo Jaime e pelo Kid Abelha.

Lá pela terceira vez em que o Leo Jaime foi ao "Estúdio I", tomei coragem e revelei a tietagem: "Uma das músicas que mais cantei na minha adolescência foi 'A fórmula do amor'. Adorava bancar a Paula Toller e chamava meu irmão para ser o meu Leo".

Jamais imaginei que encontraria hoje A PROVA em vídeo. Karaokê de 1988. Eu, aos 17 anos. Que vexame! Errei o tom, errei a letra, errei o cabelo (aff, os anos 80...). Só acertei mesmo no repertório e no meu companheiro de palco, o Helio, que já era (e continua sendo) um gato!!

Postei no Instagram tanto o texto acima como a citada filmagem que, se um dia já me envergonhou, agora só me faz sorrir.

Em tempo: o Leo adorou, vai repostar o vídeo e me convidou para um dueto no próximo show. A vida não é uma beleza?

Vou dormir agora, com uma outra música na cabeça. Aquela que diz assim: "Nossa linda juventude, página de um livro bom...".

Boa noite para a turma do 14 Bis.

P.S.: Não sei se é bom ou ruim, mas sei que você reparou, meu querido diário, que me libertei MESMO das amarras das três páginas por dia. Depois de tanto tempo de isolamento social, não quero ser confinada também aqui.

Quinta, 16 de julho

Pode me chamar de Polly

Adoro pegar frases emprestadas. Essa é do Ariano Suassuna: "O otimista é um tolo, o pessimista é um chato. Bom mesmo é ser um realista esperançoso".

Na pandemia, a estratégia é essa: a do realismo esperançoso. Navego com um pé na notícia e o outro, na esperança. (Por alguma razão, imaginei meus irmãos lendo isso, rindo, e me corrigindo: "Mariazinha, você está mais para tola otimista".)

Talvez meus irmãos, também conhecidos como voz da minha consciência, tenham razão. Tanto que muita gente me chama de Pollyana (quem é da minha geração vai lembrar da menina; ou moça, no volume dois; ou mulher, no volume três, que achava sempre que tudo iria dar certo enquanto as coisas davam terrivelmente errado na sua vida. Eu gosto de pensar também que qualquer acontecimento concorre para o bem).

Meu otimismo se volta agora para o tio Milton. Evitei escrever sobre isso nos últimos dias, mas acho que devo a você, meu diário, uma atualização. Desde que confirmaram que tio Milton não tem Covid e ele foi transferido do CTI para um quarto do hospital (no dia 7), voltei a conversar e cantar com ele nas nossas chamadas de vídeo. "Seu Libório" virou a estrela do repertório diário.

Estava tudo muito bem e muito bom, até que informaram a ele na segunda-feira que havia aparecido uma infecção, teriam que trocar o medicamento e – o pior da história – ele demoraria pelo menos mais uma semana para voltar para casa.

A notícia o derrubou. Parou de cantar e trocou as chamadas de vídeo por mensagens de áudio. Derrota temporária.

Hoje, conseguimos virar o jogo. Como? Providencialmente, entre as filmagens antigas que resgatei ontem, havia várias do tio Milton cantando, naturalmente, e contando piada. Mandei tudo pra ele, explicando datas e contexto, e... não é que ele ficou animado de novo? Hora de colocar mais um papelzinho no potinho de gratidão. Quanto mais gratidão, mais esperança. Gosto de pensar assim.

Por falar em esperança, como já comentei aqui, mamãe nos manda diariamente, pela manhã, a foto de seu "look do dia" (tal mãe, tal filha). Nesses quatro meses de isolamento, incentivada pelos elogios que não falham no "grupo da família", ela não deixou de se produzir uma única vez. Faz questão de escolher cada peça do figurino, incluindo colar e lenço, na noite anterior à sessão fotográfica.

Hoje, o verde esperança da blusa e um sorriso maior que o céu ofuscaram a manhã chuvosa.

De novo, tio Milton e mamãe, a minha dupla de risco e riso, salvaram o dia.

Sexta, 17 de julho

O futuro do presente

Volta e meia, fico imaginando o que meu pai diria sobre este ano de pandemia. Que conselhos daria. Como me guiaria até a luz do fim do túnel de 2020. Durante os 26 anos em que convivi com ele, parecia ter todas as respostas. Para o problema complexo, surgia uma solução simples. Era descomplicado. Preciso. Ia direto ao ponto. Não torturava as palavras. Tirava delas o sumo. Homem essência.

✳ ✸ ✳ ✸ ✳ ✸ ✳ ✸

Lembrei do meu poema preferido de Manoel de Barros, que começa assim:

Uso a palavra para compor meus silêncios.
Não gosto das palavras
fatigadas de informar.
Dou mais respeito
às que vivem de barriga no chão
tipo água pedra sapo

✳ ✸ ✳ ✸ ✳ ✸ ✳ ✸

Hoje em dia há um mundo de informação e carência de conhecimento. Sinto falta dos con-

Ah, sim, o nome do poema é "O apanhador de desperdícios"

selhos do meu pai. O pouco que ele dizia era o muito que me fazia refletir. Não gastava palavras para que eu gastasse neurônios.

Meu pai nunca me deixou na mão. Não seria dessa vez que o faria. Dormi com dúvidas. De manhã, veio a certeza, em forma de um vídeo enviado por WhatsApp pelo Renan, produtor do "Estúdio I". Lá estava meu pai, dando uma entrevista no melhor estilo "como será o amanhã". O amanhã, no caso, era o ano de 1985.

Transcrevo aqui a entrevista, dada à TV Globo. Lamento não ter conseguido ainda identificar a repórter.

Repórter: De que forma o senhor pode contribuir para que 85 seja um ano melhor para o Brasil?
Helio Beltrão: *De todas as formas, acho que 1985 está nascendo como um ano da esperança de um Brasil melhor. E todos nós brasileiros temos a obrigação de contribuir para que isso se transforme em realidade. A gente não pode esperar muito do governo, né? Do governo se pode cobrar verdade, decência, seriedade, dedicação e um pouco de competência, mas não se pode cobrar do governo o milagre de resolver aquilo que depende de nós, e acho que depende de nós uma porção de coisas. Acho que a primeira providência que nos cabe tomar é combater o egoísmo que existe dentro de nós. É necessário que aqueles que têm mais, como eu, que ajudem aqueles que não têm nada. É preciso declarar guerra à pobreza no Brasil. Isso é absolutamente necessário.*

Repórter: E quais as armas que o senhor pretende utilizar?
Helio Beltrão: *As armas da solidariedade, as armas da compreensão, da generosidade, do entendimento entre os homens. É muito importante que 1985 seja um ano de amor.*

Entendi, papai.
A resposta é o amor.
Veio à cabeça o trecho da carta de São Paulo aos Coríntios (que Renato Russo parafraseou na música "Monte Castelo").

Ainda que eu falasse as línguas dos homens e dos anjos, se não tiver caridade, sou como o bronze que soa, ou como o címbalo que retine. Mesmo que eu tivesse o dom da profecia, e conhecesse todos os mistérios e toda a ciência; mesmo que tivesse toda a fé, a ponto de transportar montanhas, se não tiver caridade, não sou nada.

Nossa, lembrei agora da coleção de livrinhos "Amar é...", que eu adorava devorar nos anos 70 e 80. O isolamento continua despertando minha nostalgia.
Já que "a medida do amor é amar sem medida", encerro, escrevendo e dizendo: "Te amo, papai. Cada dia mais".

Domingo, 19 de julho

Ciao, maestro!

Cinema e música. Casamento feito para durar. Imagem e som sempre estiveram juntos. Mesmo na época do cinema mudo, havia um pianista na sala de projeção para temperar as cenas. Em alguns casos, a produção contava com uma orquestra inteira.

Mas voltemos ao presente ou pelo menos a um passado mais recente.

Já me emocionei muitas vezes no cinema e, geralmente, é a música que arrebata o meu coração. Na minha adolescência, a grande maioria dos meus vinis era de trilhas de filmes. Passava horas e horas, ao lado da vitrola, saboreando as músicas do "meu filme preferido da vez". Ah, quando eu não estava ao lado da vitrola, estava escutando música no meu walkman. Pois é, sou da geração do toca-discos e da fita cassete. Também fazia coleção de papel de carta e de selo, e tive aula de datilografia na faculdade, imagine você.

"Maria, por que você nunca vai direto ao ponto?"

Tá bom. Tá bom. O título dessa reflexão diz respeito à morte, há quase duas semanas, de Ennio Morricone, compositor italiano de trilhas sonoras que marcaram a história do cinema e, certamente, a minha vida.

Claro que, mal a notícia saiu, já começaram a pipocar na internet as listas de especialistas com "as trilhas inesquecíveis do compositor".

Esse negócio de inesquecível é muito relativo, não é mesmo? Há filmes nessas listas aos quais nem assisti, então não dá para eu esquecer, quanto mais "inesquecer" (adoro inventar palavras. Tem umas que uso tanto que nem lembro mais se realmente existem ou se são "imaginices").

Interessante que, quando um gênio do cinema se vai, o meu impulso – e de muita gente, acredito – é revisitar a sua obra. É o legado que empresta imortalidade aos grandes. Dentro desse espírito, eu e Luciano decidimos rever três filmes em que o italiano deixou sua marca:

1 - "A missão" (com o surpreendente solo de oboé).

2 - "Os Intocáveis" (impressionante como a música valoriza a trama e nos envolve nas mais diferentes emoções: melancolia, medo, excitação, raiva, tristeza encantamento, fracasso e triunfo. "Escute" o filme e me diga se a trilha de Morricone não é uma das estrelas principais, ao lado do Al Capone do Robert De Niro e do Malone do Sean Connery).

E, por último e, definitivamente, não menos importante...

3 - "Cinema Paradiso", do também italiano Giu-

seppe Tornatore. Sim, esse é o filme com a "minha trilha inesquecível".

Desde que Morricone se foi, já revi umas dez vezes a cena final. Chorei nas dez vezes. Se revir mais dez vezes, chorarei vinte.

Nem vou gastar tempo tentando explicar a magia dos "beijos proibidos" nos últimos momentos do filme. Já escrevi aqui que o melhor da vida não passa pelo intelecto. Atinge como flecha certeira os mistérios do coração.

P.S.: Fui "flechada" e meu coração disparou. Acabo de receber a mensagem: tio Milton está em casa! Sim, aos 97 anos, e depois de 15 dias de internação, ele volta à boa e velha rotina de contemplação do Cristo Redentor e das desavenças entre o beija-flor e o papinho amarelo.

Quer saber do melhor? Ele disse que vai ligar para a prima Emília, a Bida, que, lúcida, aos 106 anos, vai ficar aliviada em saber da novidade.

Segunda, 20 de julho

Um grande salto para a amizade

Hoje é Dia do Amigo. Sim, eu sei, inventam dia para tudo... Mas admito que acho sempre uma delícia descobrir a origem dessas efemérides.

Por sinal, foi um querido amigo que matou minha curiosidade sobre a data: o correspondente na Argentina Ariel Palácios, uma das pessoas mais elegantes do planeta – no figurino e no trato – e sempre lembrado e celebrado pelo inimitável combo "sotaque, tom de voz e cadência ao falar".

O que ele contou na sua entrada ao vivo, direto de Buenos Aires:

Em 20 de julho de 1969, o argentino Enrique Febbrabo era um entre os milhões que testemunharam pela TV um acontecimento histórico: o pouso de Neil Armstrong na Lua, imortalizado pela frase "um pequeno passo para o homem e um grande salto para a Humanidade" (já confundi muito o astronauta Neil com o músico Louis Armstrong, mas voltemos ao pouso histórico antes que minha mente pouse no mundo da Lua).

Enrique, que, além de dentista, era professor de psicologia, filosofia e músico, considerou que a proeza simbolizava a união da Humanidade e teve a ideia de promover a data como Dia do Amigo. E olha que disposição: ele escreveu mais de mil cartas, para destinatários de várias partes do país, defendendo essa premissa e – água mole em pedra dura – a comemoração acabou pegando, primeiro na Argentina e depois em outros países, como o Brasil.

Já que falei no Ariel, quero deixar claro aqui, meu diário, que é um baita privilégio trabalhar com tanta gente talentosa e amiga. Não me refiro apenas aos brilhantes jornalistas que estão em frente às câmeras, mas também à turma dos bastidores que faz o jornal acontecer. Os editores e produtores do "Estúdio I", então, me conhecem do avesso (e meu avesso pode ser bem feio de se ver).

São tantos amores que convivem ou já conviveram comigo não só nesse jornal, mas em outras atrações por que passei em 24 anos de GloboNews, que, mesmo aqui, nesse espaço tão íntimo, não ouso citar nomes. No filme da minha vida, há vários protagonistas e não quero cometer injustiças.

Se a primeira lição que aprendi na profissão que abracei foi "televisão é equipe", devo frisar que a minha é a melhor do mundo.

Agora, vou dormir, viu?

P.S.: Dormi (oito horas, que dádiva). Acordei. Apesar de já ser dia 21, acho que cabe violar mais uma vez as regras do "desafio do *paper*" para compartilhar o que acabei de ler na coluna do Helio Gurovitz, já que tem tudo a ver com o 20 de julho.

Explico: o jornalista destaca que não há paralelo na história para a corrida pela vacina para a Covid-19.

Apenas seis meses depois que os primeiros casos de infecção por coronavírus vieram à tona, é cada dia mais concreta a perspectiva de que vacinas – no plural, ele ressalta – estejam disponíveis ao longo de 2021. Desenvolver uma vacina costuma levar mais de dez anos, então, se chegarmos a uma já no ano que vem o feito pode ser comparável AO POUSO DO HOMEM NA LUA.

Em breve, poderemos também testemunhar mais um grande salto para a Humanidade. Dedos cruzados aqui.

Terça, 21 de julho

Vitor e minha Vitória

Eu estou com Charlie Chaplin e não abro!

"Se você tivesse acreditado na minha brincadeira de dizer verdades, teria ouvido verdades que teimo em dizer brincando. Falei muitas vezes como palhaço, mas jamais duvidei da sinceridade da plateia que sorria."

A frase do criador do Carlitos é também meu lema. Sempre defendi que há espaço para o humor e a informalidade no jornalismo. Não é porque brinco que não digo a verdade. Não é porque sorrio que vou perder a credibilidade. Claro que temos que ficar sempre vigilantes para não errar o tom, mas acho que a alegria tem que ter espaço, mesmo – e principalmente – em tempos de pandemia.

Quer um exemplo? O embate bem-humorado entre os comentaristas Octavio Guedes e Daniel Sousa virou uma atração à parte no "Estúdio I". A sintonia é tanta que os dois escreveram juntos um livro, cujo prefácio tive a honra de assinar. Reproduzo o trecho em que trato dessa dinâmica bem-sucedida: "Enquanto um provoca de cá e o outro rebate de lá, entre intrigas e indiretas, as notícias são dadas de maneira leve, original e com muita informação". Quer coisa melhor?

Chaplin usava seu palhaço para escancarar uma realidade que não tinha graça nenhuma. O humor crítico, o rir para não chorar, é parte da nossa cultura. Os memes e gifs que pululam nas redes sociais são a prova disso. Assino embaixo quando dizem que rir é um santo remédio.

Outro dia, fiquei sabendo por um amigo que o filho – de 8 anos! – de uma jornalista da TV Globo era meu fã. Não perdia o "Estúdio I". Fiquei preocupada: afinal, ele é muito novinho para assistir a tanta notícia dura. Peguei o telefone da mãe e mandei um vídeo para ele. Disse: "Vitor, estou muito feliz em saber que você gosta de mim, mas fiquei curiosa: não é chato ouvir tanta história difícil?".

Faço questão de transcrever o que ele respondeu: "Maria, você é a pessoa que deixa tudo melhor. Você faz comédia. Toda notícia triste fica melhor quando é você que fala".

Se fiquei emocionada com esse que foi o melhor elogio que poderia receber, pifei de vez quando Vitor tocou para mim no piano o "Minueto em sol maior", de Bach. (Ah, o Vitor fez 9 anos anteontem. Viva!)

Vitor, querido, você também fez minha vida muito melhor. Obrigada por me mostrar que estou no caminho certo. Que Deus te abençoe.

Acabei homenageando no título um filme da Julie Andrews que eu adoro: "Vitor ou Vitória".

Quarta, 22 de julho

"Quanto riso, oh, quanta alegria! Que beleza o carnaval pós-pandemia"

No domingo, entrevistei o prefeito de Salvador, ACM Neto, sobre a proposta de adiamento conjunto do carnaval 2021, envolvendo outras grandes cidades, como Rio de Janeiro e São Paulo, caso a pandemia não esteja controlada. As escolas de samba do Rio também se manifestaram: sem vacina, nada de desfile. Acrescento que foi anunciado o cancelamento do tradicional réveillon da Avenida Paulista, assim como outros tantos eventos marcados pela aglomeração de pessoas.

O coronavírus preencheu com vários vazios nosso calendário cultural, mas já imaginou como será sensacional participar ou testemunhar a volta de cada uma dessas atrações? Sim, meu copo já está meio cheio só de antecipação.

O jornalista Carlos Heitor Cony costumava dizer que jamais conseguiria esquecer um carnaval que NÃO tinha vivido, o de 1919, quando nem era nascido.

É que o amigo Mario Filho, aquele que deu nome ao Maracanã e era irmão de Nelson Rodrigues, adorava falar desse carnaval paradisíaco.

A euforia tinha razão de ser. A festa veio logo depois do fim da Primeira Guerra Mundial... e da pandemia de gripe espanhola (qualquer sensação de *déjà-vu* não é mera coincidência).

Por falar em coincidência, olha que coisa impressionante. Em setembro do ano passado, num jantar com amigos, eu tive a alegria de conversar longamente com o genial escritor Ruy Castro sobre o livro que ele acabara de escrever: "Metrópole à beira-mar". Ele me deu uma aula sobre o Rio de Janeiro do início do século XX, que "havia sido assolado pelo vírus que contaminou mais da metade da população e matou milhares na cidade".

Depois (e o que é maravilhoso é justamente esse **depois**), Ruy reconstituiu com riqueza de detalhes aquele carnaval de 1919, a festa dos sobreviventes, uma comemoração efusiva que deu o tom da década que se avizinhava, os anos 1920. O espírito *avant-garde* tomou conta do Rio, que se tornou sinônimo de **modernidade**. Fato é que o livro foi lançado exatamente um mês antes de o coronavírus dar o ar de sua "desgraça".

Hoje, também imaginamos no "Estúdio I" como será a experiência de voltar a uma sala de cinema depois que passar o "pandemônio" (não resisti ao trocadilho).

Acredito que esse momento será especialmente marcante para a Sandra Kogut, nossa comentarista e cineasta. Justamente quando ela estava prestes a lançar comercialmente seu filme

Quem sabe a história não se repete mais uma vez. Sonhar é de graça e o Rio merece!

"Três verões", muito celebrado nos festivais, veio a pandemia!

Será memorável também estar pessoalmente (ou "presencialmente") no "Estúdio I" com a turma do telão.

Explico para quem não costuma acompanhar o programa:

Desde o começo do isolamento social, foi preciso dividir o time de comentaristas fixos do jornal em dois grupos. Sandra, Flávia Oliveira e Artur Xexéo estão trabalhando de casa, participando do "Estúdio I" ao vivo pelo telão. É maravilhoso? Sim. É a mesma coisa? Não.

Um adendo: lembra que falei da importância da alegria em tempos de pandemia? Nos dias em que a Flavinha participa do jornal, fico torcendo para que tenha notícia boa para que ela possa abrir aquele sorrisão lindo que afasta qualquer baixo-astral! Interessante que, com o Xexéo, é o oposto: quanto mais mal-humorado ele fica, mais divertido se torna o papo!

Divaguei tanto que quase esqueci de citar nominalmente os outros comentaristas que se revezam no estúdio. São eles o André Trigueiro (amigo de várias bancadas da vida. Estreamos juntos com a GloboNews 24 anos atrás), Arthur Dapieve, Daniel Sousa, Marcelo Lins e Octavio Guedes.

Se o contato é virtual ou presencial, não importa. Estamos no mesmo barco, em mares nunca dantes navegados, esperando o grito de "terra à vista".

Você já deve ter reparado que essa tola otimista está ainda mais animada nos últimos dias. Sinto que dobramos o Cabo da Boa Esperança.

Hoje, por exemplo, minha dinda/sogra foi ao banco, minha enteada foi a um drive-in com a mãe e eu já estou querendo ensaiar uma saída de casa que não seja para trabalhar.

Meu coração já sugeriu o primeiro destino... mas só te conto depois que minha consciência aceitar.

P.S.: Já que comecei esse texto falando da festa profana, permita-me falar do sagrado (como ninguém se manifestou dizendo que o "diário é laico", compartilho aqui mais um grande vazio no meu calendário). Não será dessa vez que irei ao Pará para o Círio de Nazaré, festa que reúne mais de cinco milhões de pessoas. Queria tanto homenagear em Belém a querida Nazinha, apelido carinhoso de Nossa Senhora de Nazaré. É maravilhoso que a mesma mãe de Deus mereça tantos títulos e tanta intimidade. Nossa Senhora de Guadalupe, padroeira das Américas, é chamada de Lupita e, outro dia, Bianka Carvalho, uma das repórteres mais carismáticas desse país, explicou que, lá em Pernambuco, Nossa Senhora do Carmo é Carminha.

Mãe é mãe.

Quinta, 23 de julho

Só acaba quando termina

Sonhei que estava dentro do filme "O homem que sabia demais", de Alfred Hitchcock, assistindo – ao lado de James Stewart – à apresentação de Doris Day ao piano, cantando "Que sera sera". Como mamãe é fã da atriz e do diretor, e dormi ontem pensando nela, meu inconsciente me levou ao filme que fizeram juntos.

Assisti na infância a todas as comédias românticas da Doris Day. Devo ter visto – umas cem vezes, sem exagero – "Confidências à meia-noite", estrelado também por Rock Hudson, que eu achava lindo de morrer.

Foi por causa da mamãe que me tornei essa romântica incurável e também graças a ela que fiquei viciada em história com final feliz. Quando a gente assistia à "Noviça rebelde", assim que acabava o casamento entre o capitão e a *fraulein* Maria, ela desligava a televisão e dizia: "The end". Só muito tempo depois descobri que fui poupada de pelo menos meia hora de filme. Mas quem precisava da parte dos nazistas? Ela, não. Nem eu.

Mamãe também achava absolutamente natural que eu assistisse, aos 7 anos, aos filmes do

Hitchcock. Para a arqueóloga, que já encarou jiboia e onça no sertão nordestino, o enredo sobre "o filho que pensa ser a mãe e assassina brutalmente uma mulher no chuveiro" era um passeio no parque.

Eu e Luciano compartilhamos dessa paixão. Temos em DVD todos os filmes do mestre do suspense – das fases britânica e americana. Sei que essa é mais uma tecnologia que está com os dias contados, mas não pretendemos nos desfazer tão cedo da coleção, e o meu DVD player segue aqui, firme e forte.

Voltando ao sonho, faz todo o sentido a música "Que sera sera" ter aparecido na história. Ontem, como você sabe, eu estava com a cabeça no amanhã, imaginando o Rio de Janeiro pós-pandemia. Aí a Doris ponderou, no melhor estilo "o futuro a Deus pertence":

> *Que sera sera*
> *Whatever will be will be*
> *The future's not ours to see*
> *Que sera sera*

Que será, será / O que quer que seja, será / O futuro não é nosso, para ver / O que será, será

Engraçado que, esta semana, também fiquei cantarolando na cabeça a música da Simone, "O amanhã":

> *Como será o amanhã*
> *Responda quem puder*
> *O que irá me acontecer*
> *O meu destino será como Deus quiser*

É isso. Chega de conjecturar sobre o futuro. Afinal, é no presente que se vive.

CARPE DIEM!

Outro dia minha sogra postou a frase do poeta Horácio (65 a.C.–8 a.C.): "*Carpe diem, quam minimum credula postero*" (Colha o dia de hoje e confie o mínimo possível no amanhã).

O conselho que Horácio deu à personagem Leucônoe no seu primeiro livro de Odes – há mais de dois mil anos – volta e meia é revisitado na literatura, na música, no cinema e na filosofia de bar: aproveite o dia, o hoje, cada segundo!

O poeta brasileiro Basílio da Gama foi um dos que se inspiraram no tema, quando escreveu:

Guarda para seu tempo os desenganos
Gozemo-nos agora enquanto dura
Já que dura tão pouco a flor dos anos.

Claro que muita gente da minha geração aprendeu a expressão *carpe diem* no filme "A sociedade dos poetas mortos", em que Robin Williams faz um professor que incentiva os alunos a desenvolverem um pensamento independente e, claro, a aproveitarem ao máximo a juventude. Lembro que com 18 anos, ao sair do cinema, cheia de energia, decidi virar a noite. Não perderia tempo dormindo. Hoje em dia, se eu não tiver oito horas de sono, não há CARPE DIEM que dê jeito.

Oba. Ana topou assistir ao filme comigo. Como o dia já passou, vou *carpe noctem* com a minha filhota. (Viu como eu sei arranhar um latim?)

Antes de me despedir, compartilho outra frase do Horácio que tem tudo a ver com nossa amizade, meu querido diário: "Quem começou tem metade da obra executada".

Que bom que aceitei esse desafio literário e comecei a escrever. Tenho muito orgulho dessa obra em construção.

Sexta, 24 de julho

Cornélia, as loiras e o louro

Ontem, falei do poeta Horácio e hoje volto à Roma Antiga (e põe antiga nisso, porque a história que quero contar se passa no século II a.C.).

Minha mãe é fascinada pela vida de Cornélia, filha do Cipião Africano, herói da Segunda Guerra Púnica, e mãe de Tibério e Caio Graco.

Conta a lenda que Cornélia recebeu em sua casa uma mulher rica e vaidosa, que estava coberta de joias. A "madame" mal chegou e perguntou à anfitriã: "Onde estão suas joias?". Sem pensar duas vezes, Cornélia chamou seus filhos e respondeu: "Eis as minhas joias".

Mamãe, que sempre foi "coruja", vibra com essa história. Ela adora contar vantagem sobre os filhos e confesso que sempre exagera bastante. Quer um exemplo? Uma vez, ganhei o prêmio de melhor redação da minha série na escola. Devia ter uns 12, 13 anos. Alguns meses se passaram e a versão que corria entre os nossos conhecidos era que eu tinha sido eleita a melhor escritora do estado. Não é sensacional? A minha Cornélia sempre me matou de vergonha.

Em visita ao Museu D'Orsay, em Paris, Luciano avistou de longe uma escultura de uma mulher de túnica branca com duas crianças. Teve uma intuição e foi conferir. Batata! A obra de Jules Cavelier mostrava Cornélia e os irmãos Graco. Tirei uma foto do meu marido, triunfante, ao lado do trio. Claro que mandamos o registro para mamãe, que mandou imprimir. Para cada pessoa que a visita, ele aponta para o porta-retratos, como quem apresenta seu troféu.

Filho realmente é tudo de bom. No meu caso, filha. Também mato a Ana de vergonha, claro. Sempre que recebo visitas, peço para ela cantar. Tal como Cornélia, quero apresentar minha joia, que, além de tudo, tem a voz mais linda do universo. Como resistir?

Ah, olha que amor! A querida repórter Isabela Camargo tem uma amiga cujo sobrinho de 6 meses, o Valentim, é meu fã!! "Como assim, Maria?" Seguinte: a mãe explicou que, quando eu apareço na TV, ele para de brincar e fica hipnotizado. Ele agora é conhecido como o Bebê GloboNews! Não é adorável?? Em tempo, a Isabela mandou a foto do Valentim me assistindo!! Pense no bebê mais fofo do mundo. Agora, multiplique por dez, que você vai entender o tamanho da gostosura.

Sabe quem tinha esse poder sobre a minha filha quando ela era neném? A Ana Maria Braga! Mal começava o programa e a minha Ana era abduzida. Se o Louro José entrava em cena, então, ela nem piscava! Quando eu fui ao "Mais você" a primeira vez, fiz questão de agradecer efusivamente aos dois: à loira e ao louro. Afinal, durante a hipnose da Ana, eu conseguia descansar.

Engraçado que hoje, organizando meus álbuns (sim, sim, continuo obcecada por arrumação), dei de cara com uma foto em que apareço ao lado de outra apresentadora de televisão que marcou minha vida: ninguém mais, ninguém menos que Hebe Camargo.

Foi assim: eu tinha acabado de estrear na GloboNews e estava muito insegura e desanimada. Apresentar jornal era um martírio: gaguejava, não piscava, só pensava em pedir demissão. Uma noite, fui com minhas amigas conhecer um karaokê de uma casa noturna no Leblon. Assim que eu entrei, com quem esbarrei? Com a Hebe! Ela abriu o sorriso mais largo do mundo e disse: "Você não é aquela gracinha do canal de notícias?". Gente, ela foi tão, mas tão simpática, que achei que podia desabafar como quem fala com a amiga de infância. Expliquei que queria desistir, que tinha vergonha de aparecer na TV, que não tinha talento, que não aguentava mais receber críticas. Ela pegou no meu queixo, olhou bem nos meus olhos e disse: "Tudo isso é normal! Tenha coragem. Não desista!". Em seguida, me chamou para cantar com ela. A foto mostra esse momento mágico. Lembro de ter pensado: quem canta com a Hebe, os males espanta. Resisti. Não desisti.

Já fui chamada algumas vezes de a "Hebe do jornalismo". Para mim, honra maior não há. Essa mulher extraordinária iluminou a vida de muita gente. Fez o bem sem olhar a quem.

Sexta, 24 de julho

Parte 2

Sim, voltei.

Já é tarde, hora de dormir, mas não paro de pensar na nuvem de gafanhotos que está neste momento na Argentina, vindo para o sul do Brasil. A boa notícia é que agora **SÓ** são 300 milhões de insetos. Eram 400 milhões, que vinham devorando – em um dia – o equivalente ao que é consumido por 20 mil vacas.

Em tempos de coronavírus, precisava de mais essa praga?

Por sinal, o Sul do país – que está na rota dos insetos – vive o momento mais complicado dessa pandemia. Nos três estados da região, o número de vítimas não para de crescer. Santa Catarina teve a maior alta de mortes do Brasil em uma semana (170%). Dez estados ainda enfrentam essa curva ascendente de óbitos. No país, continuamos com a média de mais de mil mortes por dia!

Você deve ter reparado que eu tenho evitado trazer os números sombrios da Covid para esse espaço, mas às vezes não dá para evitar.

Xi... As imagens das lavouras desaparecendo sob o exército de gafanhotos famintos voltaram a povoar minha mente. Para piorar, acabei de ver na internet uma foto em "superclose" do bicho, que parecia me encarar. Não posso dormir agora ou vou sonhar com isso. Epifania! Acabo de me tocar que há mais de um mês eu não tenho o que batizei de "sonhos de corona". Prova de que meu inconsciente vive tempos de paz.

Por via das dúvidas, vou colocar uma comédia romântica na TV para relaxar.

Até amanhã.

O filme escolhido foi "O amor não tira férias"

Sábado, 25 de julho

Toda forma de amor

Parem as máquinas! Acabo de me tocar. Daqui a uma semana terei muito o que comemorar.

Vinte anos atrás, no dia 1º de agosto de 2000, a Lenita entrou na minha vida. Éramos só eu e minha poodle quando ela chegou. Eu precisava de alguém que fizesse **de tudo um pouco** no meu apartamento, já que trabalhava demais e definitivamente não dava conta dos afazeres domésticos. Além do mais, a minha cachorrinha se sentia muito sozinha e isso partia meu coração.

Perguntei: você cozinha bem? Ela: "Não". É boa de arrumação? "Não muito". Enquanto ela citava os motivos pelos quais eu não deveria contratá-la, Bituca – que não dava confiança pra ninguém – se aproximou e deitou de barriga pra cima, já intuindo que aquela mulher que pouco sorria era tudo o que ela precisava. O carinho chegou pelos pés da Lenita. Resolvi arriscar.

Eu não tinha certeza se ela era a pessoa certa para mim e, definitivamente, ela duvidava de que eu fosse a pessoa certa para ela. O tempo mostrou que fomos feitas uma para a outra.

Lenita é uma das pessoas em quem mais confio na vida. Não que a nossa relação seja um mar de rosas. Longe disso. De vez em quando, a gente ensaia se matar. Lembro do dia em que ela decidiu trocar meu café, pela manhã, por um descafeinado porque "eu andava muito alterada". Só deu tempo de eu ficar com muita raiva e começar a rir.

Ficar sem Lenita no isolamento foi uma grande provação, e não me refiro ao trabalho. Ela faz parte do que a gente entende como lar e é uma das pessoas que minha filha mais adora no mundo.

Tem mais: Lenita é a companheira de champanhe do Luciano, já que vinho espumante nunca fez minha cabeça. Daqui a uma semana, teremos muito o que brindar. Minha outra fiel escudeira, a Cleide, já sei que vai preferir saquê.

O drama será encomendar um jantar que agrade a Lenita. Oh, mulher difícil, meu Deus! Quem diria que nosso casamento chegaria às "bodas de porcelana". Que venham mais 20 anos, porque essa união, diferentemente da porcelana, ninguém vai conseguir quebrar.

P.S.: Já ia esquecendo de contar que sonhei com outra loira da minha vida: a Therezinha. Impressionante que a Teca já era secretária-executiva do papai antes de eu nascer e continua trabalhando para a família até hoje. O que tem de competente, tem de divertida e querida. Ela fez aniversário em abril, mas, por causa do isolamento, tivemos que desmarcar nosso jantar. Certamente, assim que a prudência deixar, vamos festejar e muito!

Sábado, 1 de agosto

Vacina afetiva

Hoje é sábado, mas mil vivas às segundas-feiras. Nunca mais vou implicar com o dia da "volta ao trabalho". Para mim, a partir de hoje, ele vai ser conhecido como "o dia da volta ao lar".

Depois de consultar os médicos e meu coração, decidi que iria visitar minha mãe.

Foi no domingo que bati o martelo. Se existiu o "Dia do Fico", esse foi meu "Dia do Vou". Ou, melhor, o "Dia do Vamos".

Era fim de tarde, quando eu, Ana e Luciano, banhados em álcool em gel e devidamente mascarados, chegamos de surpresa para a visita.

Quando a mamãe nos viu, congelou. Nada disse durante uma eternidade. Não piscava. Não sorria. Nada. De repente, não mais que de repente, ela exclamou: "Minha caçulinha veio me ver!". Ufa...

Passado o choque, voltamos instantaneamente à rotina de quatro meses atrás. Mamãe pediu para a Ana tocar ao piano "I will survive", música cujo refrão define a força dessa mulher que, aos 85 anos e numa cadeira de rodas depois de um derrame (ou "um pequenino AVC", como ela gosta de chamar), tem energia e alegria para dar e vender. Em seguida, Luciano preparou o "marioni", drink que ela decidiu criar em sua própria homenagem e já instituiu em vários restaurantes do Rio porque, afinal, "ela merece". Finalmente, mamãe repetiu o célebre discurso de Winston Churchill, sorrindo e com brilho nos olhos, caprichando no "*I will never surrender*". Essa é a mulher da minha vida: aquela que nunca vai se render.

Para fechar o dia encantado, revi a Cris, que mora no mesmo prédio da mamãe e "quarentenou com ela" esse tempo todo. Não sei se já expliquei, meu querido diário, mas minha irmã foi na prática uma segunda mãe para mim. Cristiana me ensinou quase tudo, inclusive a ler e escrever. Eu, que estava segurando o choro, quase sucumbi quando a vi.

Nosso reencontro foi cinematográfico: assim que nos vimos, simulamos uma corrida em câmera lenta. Rimos muito e colocamos o papo em dia, frente a frente.

Essa volta ao ninho me deu tanta guarida e segurança que, no dia seguinte, arrisquei mais um voo.

Foi a Ana quem sugeriu que experimentássemos, em família, uma atração que voltou com tudo durante a pandemia: o drive-in. Foi o máximo. Enquanto a Orquestra Petrobras Sinfônica executava dentro de um teatro sucessos da banda britânica Queen, assistíamos à apresentação ao vivo pelo telão do estacionamento. No lugar de aplausos, buzinadas.

Logo entre a primeira e a segunda música, minha filha comentou: "Mãe, o mundo precisava desse período de isolamento para voltar a valorizar cada oportunidade". E como ela aproveitou! Cantou, comeu pizza e... buzinou muito.

Minhas amigas vibraram com a foto que mandei, registrando o momento em que o carro deixou de ser transporte para virar camarote. Juju levou um susto quando viu a Ana no lugar do motorista. Achou que ela já estivesse dirigindo. Nada disso. Reservamos para a minha filha a melhor posição para assistir ao espetáculo: no banco da frente e perto do volante, calibrando os "aplausos" da buzina.

Os dois primeiros dias da semana foram tão incríveis que, animada, já agendei meu próximo "Dia do Vou". Visitarei o tio Milton no dia 6, de escafandro, se for preciso.

Hoje é sábado. Se escrevo só agora sobre esses momentos tão intensos é porque foi preciso dar uma parada estratégica para refletir. Na quarta-feira, entendi que uma página importante dessa minha jornada tinha sido virada, e desde então, venho relendo cada linha desse diário, em que expus a montanha-russa de sentimentos vivenciados nesses primeiros meses de pandemia.

Sei que ainda há um longo caminho pela frente até a vida voltar ao normal, ou ao que já batizaram de novo normal sem que se saiba exatamente o que isso significa. No entanto, meu querido diário, revendo minha viagem literária, ficou claro por que resolvi escrever e qual foi meu ponto de partida, que é também o de chegada.

Um capítulo difícil da minha vida começou com uma despedida e foi concluído com um reencontro. Rever minha mãe fechou um ciclo. Não estou imune ao coronavírus, mas me sinto revigorada depois de receber minha vacina afetiva.

Durante a leitura, fiquei muito impressionada com a quantidade de coincidências (ou seriam providências?) ocorridas neste período. Acabo de viver mais uma, enquanto ensaio a conclusão desse texto.

Do comercial na televisão, vem a trilha perfeita para o fim dessa aventura.

I can see clearly now the rain is gone
I can see all obstacles in my way
Gone are the dark clouds that had me blind
It's gonna be a bright
Bright sunshiny day
It's gonna be a bright
Bright sunshiny day

Eu posso ver claramente agora que a chuva foi embora
Eu posso ver todos os obstáculos no meu caminho
Já se foram as nuvens escuras que me cegavam
Será um brilhante
Brilhante dia de sol
Será um brilhante
Brilhante dia de sol

Obrigada, Johnny Nash, por emprestar seus versos para o meu final feliz.

Se a viagem terminou, chegou a hora de voltar – como sempre e todo dia – para o meu porto seguro: o colo absoluto do melhor marido do mundo.

Um agradecimento especial

À Lucinha, prima, amiga e anjo da guarda,
fundamental na organização deste projeto.

Este livro foi impresso em papel Pólen Bold 90g,
na gráfica Rotaplan, na primavera de 2020.
A fonte utilizada é a Baskerville e todos os textos
em caligrafia são da própria Maria Beltrão.